한국인과 일본인의
허세와 속내

지은이 **박 일**朴一
옮긴이 **권유리**

Publishing Company

일러두기

원서 본문에는 '獨島' 및 '竹島' 두 가지가 혼재되어 사용되고 있으나, 문맥 상 원어인 '竹島'로 표기가 불가피한 경우를 제외하고는 모두 '독도'로 표기하였으며 '日本海'라고 표기된 부분도 한국의 정식 명칭인 '동해'로 표기하였음을 참고 바랍니다.

※ 단, 책 제목에 쓰인 지명 등은 고유명사인 바, 원문대로 번역

'재일한국인'이라는 숙명

나는 일본에서 나고 자란 재일한국인 3세이다. 단, 재일한국인이 된 것이 나의 선택은 아니다. 어쩌다 보니 일본이라는 땅에서 한국 국적을 가진 사람으로 태어난 것뿐이다. 이는 숙명, 혹은 운명이라고밖에 할 수 없다. 일본인 친구로부터 귀화를 권유받은 적이 있다. 하지만 내가 만약 훗날 일본 국적을 취득하는 일이 있다 해도 한반도 출신이라는 나의 근본 뿌리를 바꿀 수는 없을 것이다.

한 재일학자는 재일한국인의 정체성과 귀속(국적) 간의 괴리에 대해 문제 제기를 했다. 그리고 재일한국인은 한국 국적을 갖지만 한국에 대한 귀속 의식은 희박하다고 주장했다.

일본에서 재일한국인으로 살아오며 재일한국인이기에 겪을 수밖에 없었던 복잡 다양한 경험들이 있다. 지금으로부터 10여 년 전 한국의 대학에 교환 교수로 가게 된 적이 있는데, 같은 대학의 일본인 교수는 일본인이라는 점 때문에 외국인 초빙교수용 고급 게스트 하우스에 머무를 수 있었다. 하지만 나는 외국인이 아니라는 이유로 거절당했다. 어찌 보면 지극히 당연한 일이지만, 일본에서는 한국인이라는 이유로 주택 입주 시 차별을 받은 경험이 있는 내가 이번엔 모국에서조차 한국인이라는 이유로 차별을 받게 되다니 뭐라 말로 형용할 길이 없었다.

하지만 잘 생각해보면 "나는 일본에서 온 교포이니 일본인과 같은 대우를 해주지 않을까?" 하는 안일함이 있었음은 부정할 수 없다. 이것이 어떤 의미에서의 정체성과 귀속의 괴리일지도 모르겠다.

하루는 이런 일도 있었다. 당시는 '겨울연가'라는 드라마가 일본에서 한창 인기를 끌고 있었는데, 마침 학생들을 데리고 서울에 가게 되었다. 그때 평소 친하게 지내던 대학의 여자 교직원으로부터 "교수님, 욘사마(배용준) 포스터 한 장만 받아다 주세요."라는 부탁을 받았다. 나는 '그런 것까지 팔려나?'라고 의아해하며, 서울 롯데백화점의 면세점에 갔다가 깜짝 놀랐다.

'오만엔 이상 구입 시, 배용준 포스터를 무료로 드립니다.'라는 안내문이 붙어 있는 것이었다.

나는 배용준 포스터를 꼭 받아야겠다는 생각에 다소 무리를 해서 쇼핑을 했다. 그리고 사은품 교환대로 가서 오만엔 상당의 구입 영수증과 여권을 내밀었다.

그러자 담당 직원이 이렇게 말했다. "본 행사의 대상은 일본인 관광객입니다. 한국인은 받을 수 없습니다." 나는 울컥해서 그 직원에게 말했다.

"재일교포는 왜 안 됩니까?"

귀속에 대한 거부감

이러한 경험들을 한편으론 재일한국인이 한국에서 한 사람의 한국인으로 인정받은 증거라고 생각할지 모르지만, 한국에서는 한국 국적이어도 한국어를 제대로 구사할 수 없으면, 진정한 한국인이라고 생각하지 않는다.

서울에서 택시를 타고 택시기사에게 한국어로 말을 걸면, 대부분 이렇게 말을 한다. "일본인인데 한국말을 참 잘하시네요." 내가 "아! 전 재일교포예요."라고 답하면, 기사의 대답도 항상 똑같다. "한국인인데 한국말을 참 못하시네요!" 이 택시기사처럼 한국인 대부분은 모국어를 제대로 구사하지 못하는 재일한국인을 '일본인' 혹은 '한국계 일본인'이라고 생각하는 경향이 있다. 이는 일본인이 브라질이나 페루에서 온 일본계 사람들을 일본인이라고 생각하지 않는 것과 비슷할 것이다. 한국에서 이런 경험들을 계속하다 보면 재일한국인인 것이 원망스럽기도 하다.

사실, 한국 국적이기는 하지만, "한국을 위해 전쟁터에서 죽을 수 있는가?"라고 묻는다면, "NO"라고 외칠 것이다. 그럴 바엔 "차라리 일본인이 되는 게 어떠냐?"라고 할지 모른다. 하지만 가슴 아픈 역사의 소용돌이 속에서 생겨난 재일한국인의 역사를 되짚어본다면 일본인이 된다는 것도 그리 쉬운 선택은 아니다.

본문에서 더 상세하게 다루겠지만, 그 옛날 일제 식민지 치하에서 수많은 재일한국인이 '일본의 군인·군속'으로 태평양 전쟁에 참전해서 일본국을 위해, 천황을 위해 소중한 목숨을 잃었다. 그들 중에는 특공대원으로 허망하게 사라져간 이들도 있다. 그들을 조금이라도 생각한다면 안일하게 '귀화'라는 선택은 할 수 없다. 줄곧 이런 생각들을 하다 보니 어느 틈엔가 내 마음 한구석엔 귀속에 대한 거부감마저 생겨났다.

국경을 넘은 사람들이라고 해야 할까? 오히려 요즘은 어떤 의미에서 한국인도 일본인도 아닌, 재일한국인이라는 애매한 입장이기에 할 수 있는 역할이 있지 않나 하는 생각을 하게 되었다.

한국과 일본, 어느 한 국가의 입장이 아니라 양국의 입장에서 바라본다는 '다각적 관점'이라는 사고방식인 것이다.

한일 양국의 입장에서 본 독도 문제

이 책에서 다루는 독도 문제, 그리고 그 배경에 뿌리 깊게 존재하는 위안부·교과서 문제 등은 한국과 일본의 틈바구니에서 살아가야 하는 재일한국인이라는 숙명에 놓인 나에게는 상당히 까다롭고 민감한 사안이다. 독도 영유권,

위안부, 교과서 문제들에 대한 대응, 이 모든 문제에서 한일 양국 정부는 결정적인 견해차를 갖고 있으며 한 치의 물러섬도 없다.

일본인이 '17세기 중반에 다케시마의 영유권을 확립했다'고 주장하면, 한국인은 '독도 통치는 6세기 신라시대에 시작되었다'고 반론한다. 한편, 한국인이 '위안부 문제 등 전후 처리문제의 해결'을 요구하면, 일본인은 '한일기본조약에서 이러한 전후 처리문제는 이미 해결된 사안'이라고 반박한다. 이러한 불필요한 논쟁으로 인해 양국 간의 혐한반일(嫌 韓反日) 갈등은 수십 년간 되풀이되고 있다. 이러한 분쟁의 불씨를 잠재워줄 방책은 없는 것일까? 한일 간의 긍정적인 관계 모색을 위한 건전한 갈등은 당연히 필요하다. 하지만 불필요한 논쟁은 양국의 대립 감정만을 부추길 뿐이다. 지금이야말로 영토 문제와 과거사 문제에 대한 한일 간의 생산적인 논의가 절실히 요구되는 바이다.

이 책은 이러한 문제의식을 가진 재일한국인이 독도 문제를 중심으로 위안부·교과서 문제 등 한일이 직면한 다양한 현안에 대해 독자들의 궁금증에 답변을 해주는 새로운 방식으로 이야기를 풀어나간다. 한국과 일본 사이에서 양국의 쟁탈전에 내몰린 독도라는 존재가 왠지 나와 같은 재일한국인의 처지와 참으로 많이도 닮았다.

독도 문제를 냉정히 파악하려면, 한일 양국 어디에도 속하지 않는 객관적이고 다각적인 사고가 필요함은 굳이 말할 필요도 없다.

이 책이 미래지향적인 한일 관계의 재구축에 도움이 된다면 나로서는 더할 나위 없이 기쁠 것이다.

2012년 가을
박 일

이 책이 일본에서 출판된 지 어느덧 1년이란 시간이 흘렀
다. 일본인 독자의 반응은 다양한데, 그중 비판적 내용의
대부분은 "이 책은 한국 편을 드는 반일적인 내용이 많다.
이런 책이 출판된 것은 적절치 않다"는 것이다.

그렇다면 한국의 반응은 어떠할까? 이 책이 일본 편
을 드는 친일파적인 책이라고 비난하는 사람도 있지 않을
까?

일본에서는 친일적인, 한국에서는 반일적인 책을 쓰
면 단시간에 언론의 주목을 끌 수 있다. 그런데 어떤 의미
에서는 한국인이며 어떤 의미에서는 일본인인 나는 이런
언론 플레이는 못 하겠다. 내가 놓인 상황이 참으로 아이
러니하기 때문이다.

한국이나 일본 어느 한 쪽의 편에 서서 행동하고 발
언하는 것은 쉽다. 그러나 양국의 이해관계와 복잡하게

얽혀 있는 가운데 양국 모두에 한발 다가서려는 움직임은 생각처럼 쉽지 않다. 한국과 일본에는 각각의 역사 인식, 해석방법이 다르며, 그러한 역사관을 바탕으로 생겨난 것이 영토인식이기 때문이다. 양국이 조금만 서로 이해하려 노력한다면 거리를 좁힐 수도 있겠지만, 말처럼 그리 쉬운 일만은 아니다.

그러나 한일관계를 가해자와 피해자, 친일과 반일, 한류와 한류혐오라는 극단적인 대립구도로 바라보려는 관점은 시대착오적인 발상이라 본다.

과거 소니는 일본 대표기업, 삼성은 한국 대표기업이었던 시대도 있었다. 그러나 두 기업은 이제 글로벌 기업이 되었고, 두 기업을 위해 일하는 사람들은 전 세계인이다. 소니나 삼성의 국경을 초월한 기업 활동은 때로는 자국의 국익을 저해하는 경우도 있으며, 소니의 기술자가 삼성에 영입되고 삼성의 기술자가 중국 기업에 영입되기도 한다. 혹은 각국의 뛰어난 기술이 자국민으로 인해 유출되기도 한다. 경제의 글로벌화가 이루어질수록 개인, 기업, 국가의 이해관계가 충돌할 가능성은 더욱 높아진다. 이 때문에 존재감이 약해지는 국가들은 자국의 내셔널리즘 강화에 바빠진다. 이러한 때일수록 상호 의존관계인 한일은 관계를 공고히 하며 호혜관계를 재구축해야 한다.

지금 양국에 절실한 것은 서로 한 걸음씩 다가서려는 '관용의 마음'이다.

이 책은 원래 일본인들에게 한국을 이해시키기 위해 썼다. 그런데 한편으로는 한국인들의 '일본 알기'에 한 역할을 할 수 있지 않을까 생각했다. 이 책이 양 국민들이 서로 이해하기 위한 가교 역할을 할 수 있다면 더할 나위 없이 기쁠 것이다.

이 책이 한국에서 번역되어 출판되기까지는 한국 외교부 권유리 씨의 아낌없는 노력이 있었다. 그녀의 우정에 진심으로 감사를 표하는 바이다.

2013년 11월
박 일

하루는 일본 신문을 읽는데 책 소개를 하는 기사가 눈에 들어왔다. 바로 이 책이다. 저자를 보니 한국인이었다. 당시 외교부에서 독도 문제를 다루던 나는 "독도 이야기가 나오니 한번 읽어봐야겠구나" 하는 마음으로 책을 구입했다.

사실 재일교포에 대한 인식이 없던 나에게 교포가 쓴 책은 "그저 한국 측에 치우진 책이라면 언론플레이를 노린 것이려니…… 혹시 일본인의 입장에서 썼다면 '부모가 한국인인 일본인'이 괜히 한국에 대해서 잘 아는 척 몇 마디 적어놨으려니……." 했다. 솔직히 별 기대 없이 책장을 열었다.

우리의 인식이 이렇다. "당신은 재일교포가 어느 나라 사람이라고 생각하나?"

나는 일본인이라고 생각해왔다. 일본에서 오래 살아

왔으니 그렇지 않겠는가?

지금은 한류 열풍으로 한국에 대한 이미지가 상당히 높아졌지만, 내가 처음 일본을 가보았던 불과 90년대 초만 해도 상황은 조금 달랐다. 한국인을 무시하는 일본인들도 적지 않았으며, 유학생활을 하며 외국인이기 때문에 좋은 아르바이트 자리 하나도 구하기 쉽지 않았던 일본에서 나는 별 어려움 없이 살아가는 재일교포는 일본인이라고 생각했다.

그런데 재일교포는 일본 사회에서 일본인이 아니었고 한국 사회에서는 한국인이 아니었다. 어느 나라에서도 그 나라의 국민이라고 받아주지 않는다는 것은 어떤 느낌일까? 심지어 자신이 모국이라고 생각하는 국가에서조차 외국인이라고 생각한다면……. 그런데 그들은 그럼에도 한국을 매우 사랑하고 열심히 공부해왔다. 그리고 한국을 모국이라고 생각한다.

저자는 한국인의 입장에 다소 치우친 내용이라고 말했지만, 이 책은 한국인인 내가 보기엔 상당히 객관적이다. 그동안 한국과 일본 사이에서 대체 무슨 일들이 벌어져 왔는지, 우리가 모르는 어떠한 역사가 숨어 있었는지 너무나도 자세히 그리고 속속들이 다루었다. 그러면서도 전혀 어렵지 않게 누구나 이해하기 쉽도록 썼다. 한국에서 몇십 년을 살아온 우리보다 한국에 대해 더 잘 알고 있는 일본에 사는 한국인이, 우리에게 너무나도 많은 것을 알려주고 많은 것을 반성하게 하는 책이다.

이 책을 반쯤 읽었을 때 정말 많은 일본인들이 읽어주었으면 좋겠구나 했다. 그러나 다 읽었을 때 맹목적으로 반일감정만을 앞세우는 많은 한국 사람들이 읽어주었으면 좋겠다는 생각을 했고, 한국에서 반드시 책을 내겠다고 결심했다.

책을 내기까지 쉽지는 않았지만, 아무런 조건 없이 내가 책을 번역하고 출판할 수 있도록 아낌없이 지원해주시고 묵묵히 바라보고 기다려주신 박일 교수님께 진심으로 감사드린다.

그리고 일본 사회를 잠시나마 경험했던 나는 일본 사회에서 살면서도 이러한 책을 낼 수 있었던 그의 용기에 진심으로 존경을 표하는 바이다.

번역을 마치며
2013년 12월
권유리

독도 관련 주요 동향

17세기 중반	• 일본이 영유권을 확립(일본 측 주장)
1696년	• 에도막부와 조선왕조 간의 협상으로 에도막부는 일본인의 울릉도 도항을 금지했지만, 독도는 자국령으로 인식하고 그 후에도 왕래를 인정
1904년	• 제1차 한일협약을 체결. • 일본 정부의 추천인을 한국의 외교·재정고문에 임명
1905년	• 일본 정부가 각의에서 시마네현 소관의 영토로 독도 편입을 결정하고 '다케시마'라고 명명
1910년	• 한일병합조약 체결 • 독도는 병합 전의 일본영토로 분류·포함하고 행정구역상 조선총독부의 관할로 이전
1945년	• 2차 세계대전과 일본의 한반도 식민지 지배 종결
1946년	• 연합군 총사령부(GHQ)지령으로 독도 등에 대한 일본의 행정권 정지 조치
1951년	• 일본의 영유권 포기 지역을 명시한 샌프란시스코 강화조약이 체결됨. • 조약의 초안 작성 시, 한국은 포기지역에 독도 명시를 주장했지만 인정되지 못하고 기각됨.
1952년	• 한국의 이승만 대통령이 한반도 주변의 공해상에 '이승만라인'(해양주권선언)을 설정하고, 독도 영유권을 주장, 일본은 이에 항의
1953년	• 미일합동위원회에서 독도를 재일미군의 폭격훈련지역에서 해제할 것을 결정 • 독도 주변의 어업재개 • 한국 관헌이 일본의 해상보안청 순찰선에 발포
1954년	• 한국이 경비대를 독도에 파견하고 계속 주둔 중이며 동 섬에 무인등대 설치 • 한국이 독도를 도안한 우표 발행 • 일본이 독도 문제의 국제사법재판소(ICJ) 제소를 제안, 한국은 이를 거부

1997년 11월	• 한국이 독도에 접안시설 설치
1999년 1월	• 독도 주변에 잠정수역을 설정하고 한일 간의 공동관리에 합의한 신한일어업협정이 발효되고, 독도의 영유권 문제는 보류
2005년 3월	• 시마네현 의회에서 '다케시마의 날' 제정 조례 통과 • 한국이 일반 관광객의 독도 입도를 허가하고 관광객이 처음으로 방문
2006년 4월	• 일본의 독도 주변에 대한 해양조사 계획으로 인해 관계가 악화 • 노무현 대통령은 '물리적 도발에는 단호히 대응할 것'이라고 특별담화를 발표
5월	• 일본이 '한국이 독도를 불법 점거'라는 답변서를 결정
10월	• 한일이 독도 주변에서 공동 해양조사를 실시
2008년 2월	• 이명박 정권 출범
7월	• 문부과학성이 학습지도요령해설서에 '다케시마'라 명기 • 한국의 한승수 국무총리가 현직 총리로서는 처음으로 독도 방문
2011년 6월	• 대한항공이 기자단을 태우고 독도 상공을 시험 비행함. 이에 일본 외무성은 동 항공기 이용을 1개월간 자숙
8월	• 울릉도 방문 목적의 일본 자민당 의원들의 입국을 한국 측이 거부 • 한국의 헌법재판소가 군대 위안부의 배상과 관련, 한국 정부가 해결을 위해 노력하지 않은 것은 위헌이라 판결
9월	• 한국, 울릉도 해군기지 건설 계획을 발표
12월	• 서울 주한일본대사관 앞에 전 군대위안부를 지원하는 시민단체가 소녀상을 설치 • 한일 정상회담에서 이명박 대통령이 위안부 문제의 해결을 요구
2012년 4월	• 한국 독도를 영토로 기술한 일본 외교청서에 항의
6월	• 한국 여당 새누리당 간부들의 독도 방문 • 한일군사정보포괄보호협정(GSOMIA) 체결이 한국 사정으로 연기 조치

7월	• 일본이 방위백서에서 독도를 고유의 영토라고 8년 연속 명기한 점에 한국이 항의
8월	• 이명박 대통령이 현직 대통령으로 첫 독도 방문 • 일본 외무성은 독도를 영토로 기술한 한국 외교백서에 항의 • 일본은 세 번째로 국제사법재판소 제소를 제안하지만 한국은 거부 방침
10월	• 한국이 13년 만에 독도에 관리사무소 건설 개시를 발표함.

국제사법재판소(ICJ)
International Court of Justice

• 네덜란드 헤이그에 있는 유엔의 중요 사법기관
• 15명의 재판관으로 구성, 국가 간의 분쟁을 재판
• 1945년 설립. 과거 판결 및 화해를 통해 114건 해결, 11건 심리중

제소		① 당사국 간에 합의하여 공동으로 제소 ② ICJ를 통한 분쟁해결을 당사국 간의 조약으로 규정 ③ ICJ에서의 분쟁 해결을 양국이 선언=일본 등 67개국 한국은 선언하지 않음.
절차	당사국 제소	• 단독 제소라도 상대국이 동의하면 가능
	심리	• ICJ 재판관(2012년 현재) 페테르 톰카 소장(슬로바키아), 베르나르도 세풀베다 아모르(멕시코) 부소장, 오와다 히사시(일본) 외 프랑스, 뉴질랜드, 모로코, 러시아, 브라질, 소말리아, 영국, 중국, 미국, 이탈리아, 우간다, 인도의 12명
	판결	• 양측이 판결을 따르는 것이 전제이며 상고는 불가능 • 판결의 의의 및 범위에 대한 해석 요구 가능

I 다케시마·독도 문제의 배경

II 한일의 역사 인식은 왜 항상 엇갈리는가?

I

다케시마 · 독도
문제의 배경

오랜 세월 한일 간 분쟁의 불씨였던
독도라는 영토문제가 지금에 와서 일
파만파로 확산되고 있다. 그렇다면
과연 독도는 어느 나라의 영토인가?
그리고 한일 양국이 납득할 수 있는
해결책은 있는 것인가? 독도를 둘러
싼 양국의 엇갈리는 역사 인식을 되
짚어보면서 그 해결책을 모색해보자.

한국인과 일본인의
허세와 속내

Q1. 독도는 원래 어느 나라 땅인가?

이승만 대통령이 1952년 1월 해양주권선언을 하고, 동해와 동중국해 공해 상에 군사경계선을 설정하면서 한일 간 독도문제가 핫이슈로 떠올랐다. 이것이 바로 '이승만라인'이다. 한국은 이 선 안에 독도를 포함시키며 공식적으로는 처음 독도가 자국령임을 밝혔다.

해양주권선언이란, 한반도 주변에서 최대 200해리(약 370km)의 수역에 존재하는 모든 천연자원을 이용할 수 있는 권리를 주장한 것이다. 이 때문에, 이 수역에서는 한국 국적이 아닌 어선의 어업금지는 물론 출입도 제한했다. 일본 정부는 이 선언을 인정하지 않고 독도 영유권을 주장했다. 일본의 어선들도 라인을 무시하고 어업을 했기 때문에 당연히 충돌이 발생했다. 한국 측은 군사경계선으로 인식했기 때문에 이 라인을 넘어오는 일본 어선을 무력으로 단속했다. 한일어업협정의 체결로 이승만라인이 폐지될 때까지 약 13년간, 한국에 나포된 일본 어선 수 328척, 억류된 일본인 3,929명, 사상자는 44명에 달했다. 하지만 한국은 1954년부터 해안경비대를 상주시키고 독도를 점거, 지금까지 무력에 의한 실효지배를 계속하고 있다.

한일 정부가 각각 '독도는 명백히 우리 고유의 영토이다'라고 주장한다. 그 명백한 증거란 무엇인가? 한국의 중학교 교과서에는 다음과 같은 기술내용이 있다. 다소 긴 문장이지만 인용했다.

"독도는 (한국령이다.) 울릉도에 부속된 섬으로 예부터 우리나라의 영토로 전해 내려왔다. 조선 초기 유민을 막기 위해 울릉도에 사는 사람들을 본토로 이주시키고 일시적으로 정부의 관리가 느슨해진 시기는 있었지만, 우리나라의 어민들은 줄곧 어업의 거점으로 활용해 왔다. 조선시대 숙종 때 동래에 사는 어민 안용복이 이곳에 왕래하는 일본 어부를 쫓아내고 일본에 건너가서 독도가 한국의 영토임을 확인받고 온 적도 있었다. 그 후에도 일본 어민들이 종종 울릉도 부근에 불법으로 접근해 와 고기잡이를 한 적은 있었지만 정부는 여기에 우리나라 사람들의 이주를 장려하고 관청을 설치하여 독도까지 관할하도록 했다. 그러나 일본은 러·일전쟁 중에 독도를 강제적으로 그들의 영토로 편입했다."

이에 대해 일본 정부는 일본으로 건너와 독도가 조선

영토임을 인정받은 안용복이라는 사람은 일본에 밀입국한 '범죄자'이므로, 그 증언 자체의 신뢰성이 떨어진다고 반박한다. 게다가 일본은 17세기 에도막부가 돗토리번의 오야(大谷), 무라카와(村川)라는 회선도매상(廻船問屋·해상 운송 중개업자)에게 독도 도해의 권리를 부여했던 증거가 있다고 주장한다.

양국 모두 고문서 등을 내세우며 논쟁을 거듭하지만 오랜 세월이 지난 자료들로 그 진위를 파악하기는 어렵다. 더욱이 그 당시는 근대적인 '국경'이라는 개념도 없었을 것이므로 공평하게 판단컨대, 양국 모두 '명백히'를 강조할 정도로 당당한 입장은 아니다.

한편, 근대에 들어 사정은 급변했다. 1905년 메이지 정부는 독도의 시마네현 편입을 각의 결정하였고 한국(당시 대한제국)은 이와 관련해 아무런 이의 제기를 하지 않았다. 이 모두 '명백한' 사실이다. 이후 일본은 "독도는 일본영토"라는 주장을 전개했다. 즉, 각의 결정에 이의를 제기하지 않은 것은 독도의 시마네현 편입을 인정했다는 것이 된다.

단, 한국 측에는 이유가 있었다. 편입에 대한 각의 결정을 하기 약 1년 전 한국은 일본과 제1차 한일협약을 체결했다. 재정권과 외교권을 사실상 일본에 박탈당한 일본의 보호국 상태였기 때문에 이의 제기는 생각조차 할 수 없는 일이었다. 실은 앞서 인용한 중학교 교과서에는 다음과 같은 기술이 있다.

「일본은 우리나라를 침략하고 독도를 강탈했다.」

독도 문제가 단순히 섬의 소유권 다툼이 아닌 역사문제라고 지적하는 이유가 바로 여기에 있다. 이것이 한일간 힘겨루기의 근원이다.

Q2. 독도의 최대 자원이 대게라는 건 사실?

"차라리 독도를 폭파해버리고 싶다."

과거 이런 발언을 한 대통령이 있다는 것을 알고 있나? 한일국교 정상화가 이루어진 1965년 5월 미국을 방문한 박정희 대통령은 딘 러스크(David Dean Rusk) 국무장관에게 "한일국교협상에서 큰 암초인 독도는 폭파해서 없어졌다."라고 말했다. 이 발언이 밝혀진 것은 지금으로부터 약 8년 전, 미국 국무부의 외교문서에 남아 있던 기록이 세상에 알려지면서였다.

당시 한국 정부는 진심으로 '독도 폭파'를 생각했는지, 박정희 대통령의 최측근이던 당시 김종필 중앙정보부장도 러스크 장관에게 "내가 일본 측에 독도 폭파를 제안했다."라고 밝혔다.

흥미로운 점은, 이때 러스크 장관은 "도대체 독도는 무슨 쓸모가 있는가?"라고 물었고 이에 김종필 부장은 "갈매기가 똥이나 싸는 곳이다."라고 답했다.

독도는 동도와 서도라는 두 개의 작은 섬과 그 주변의 총 36개의 암초들로 이루어져 있으며, 총면적은 약 0.2제곱킬로미터로 도쿄돔 다섯 개를 합쳐놓은 정도의 넓이이다. 덧붙여 기암절벽의 지형이며 음용수가 없기 때문에 사람이 거주할 수 있는 환경은 아니다. 사실상 섬 자체는 김종필 부장이 말한 대로 '갈매기의 변소' 정도의 가치밖에 없다. 그렇다면 한일 양국은 오랜 세월 이토록 쓸모없는 섬을 두고 다퉈왔을까?

이를 논하기 전에 먼저 배타적 경제수역(EEZ)에 대해 설명하고자 한다. 왜냐하면, 이것이 독도 분쟁의 본질을 이해하는 데 빼놓을 수 없는 키워드이기 때문이다. TV의 뉴스 등을 통해 들어본 사람도 많을 것이다.

EEZ란, 유엔해양법협약에 근거하여 설정된 경제적 주권이 미치는 수역을 일컫는다. EEZ로 인정되는 것은 자국의 연안에서 200해리까지로, 연안국이 어느 범위까지의 수산자원 및 광물자원의 탐사와 개발, 관리의 권리를 갖는가가 결정된다. 즉, EEZ 내를 헤엄치고 있는 물고기도, 해저에 잠재되어 있는 자원도, 자국의 소유라고 당당히 주장할 수 있는 권리를 의미한다.

중국과 영유권 문제가 발생 중인 센카쿠 열도의 주변 해역에는 1960년대 후반에 실시한 조사를 통해 석유 매장의 가능성이 밝혀졌다. 이 때문에 중국이 갑자기 영유권 주장에 나선 것이다. 중국이 원하는 것은 센카쿠 열도가 아니라 다름 아닌, 이 보잘것없는

한일의 잠정수역과 EEZ경계

섬을 기점으로 한 EEZ에 대한 권리, 즉 석유인 것이다.

그렇다면 독도는 어떠한가?

독도의 EEZ 내에서는 석유 등 해저자원이 발견되지 않았다. 해저자원은 물론 천연가스나 희소금속 등 광물자원도 아직까지 확인되지 않고 있다. 그 대신 독도 해역은 수산자원이 풍부하다. 특히 예부터 겨울철의 대표 미각인 대게의 어장으로 유명하다.

대게 외에도 붕장어, 한국에서 '꼼장어'로 잘 알려진 뱀장어도 잡히는 등 한국이 산출한 독도해역 총 어획량의

경제적 가치는 2010년 기준 2조 5,842억 원에 달한다. 그야말로 '풍요의 바다·수산자원의 보고'인 것이다. 특히 고가에 거래되는 대게는 총 어획량 중에도 큰 비중을 차지하는 가장 중요한 수산자원이다. 센카쿠 열도의 핵심이 '석유 분쟁'이라고 한다면, 독도는 '대게 어업권 분쟁'이라 해도 과언이 아니다.

바다의 혜택을 충분히 향유할 수 있는 최고의 방안은 독도를 자국령으로 확정하고 이를 기점으로 EEZ를 설정하는 것이다. 한일 양국이 '갈매기가 똥이나 싸는 곳'이라 하는 쓸모없는 섬을 두고 영유권을 주장하는 이유가 여기에 있다. 앞서 언급한 이승만라인의 목적 역시 어장 이익, 즉 한국의 '근해 어업 독점'이 목적이었다. 결국, 1965년 한일기본조약의 조인과 함께 국교정상화가 이루어졌고 동시에 한일어업협정이 체결되었다. 이를 계기로 이승만라인은 전격 폐지되었다. 그러나 본 어업협정은 허점이 많았다.

동해의 어업자원 관련 한일 동향

1952년	• 한국이 이승만라인을 설정하고 넘어온 일본어선 다수 나포
1965년	• 국교정상화와 동시에 한일어업협정 체결. 연안에서 12해리(약 22킬로)까지는 연안국의 관할로 지정하고 이승만라인 폐지
1996년	• 연안에서 200해리(약 370킬로)의 배타적경제수역(EEZ)를 인정한 유엔해양법협약을 한일 양국이 비준
1998년	• 일본이 어업협정 종료 통보. 독도 주변을 포함한 해역은 잠정수역으로 공동관리하기로 한 신한일어업협정에 합의
1999년	• 동 협정 발효. 일본의 EEZ 내 저인망어업 금지 및 잠정수역 일부 대게 어획 제한에 합의
2005년	• 시마네현이 '다케시마의 날'조례 제정 • 첫 한일수산자원협의 개시 • 일본의 EEZ 내 한국어선의 위법조업 증가로 인해 수산청 단속강화 결정
2006년	• 일본이 독도 주변의 측량조사를 표명 • 한일 간 긴장 고조, 외무차관 협의를 통해 조사 중지에 합의

협정에는

① 연안에서 12해리 내는 연안국이 배타적 관할권을 가진다.
② 한국의 관할 외 부근에 공동규제수역을 설정한다.

라고 기술되어 있을 뿐, 핵심인 독도 해역의 어업은 애매하게 다루었다. 당연히 협정 체결 후에도 조업 관련 분쟁이 빈번히 발생했고, 그때마다 양국 정부가 협정문

재협상을 진행하는 상황이 벌어졌다. 그러면 어김없이 최종단계에 독도 영유권 문제가 의제로 올라왔고, 결국 협상은 재차 결렬됐다. 그런데 한일 양국 정부가 독도 영토 문제를 잠시 보류하고 새로운 어업협정을 체결하는 새로운 국면에 접어드는 계기가 있었다.

그 상세는 다음과 같은 내용으로

① 한국 어선은 일본의 허가를 받아 일본 EEZ에서 어업을 할 수 있다.
② 일본 어선은 한국의 허가를 받아 한국 EEZ에서 어업을 할 수 있다.
③ 독도 주변에 공동관리구역인 잠정수역을 설정하고, 한일 정부는 각각 자국의 규범에 따라 어업을 할 수 있다.

이른바 독도는 존재하지 않는다는 전제하에 어획 수역을 설정한다는 고육지책의 묘안이었던 것이다.

어쨌든 이 새로운 협정으로 독도 주변의 산인(山陰·혼슈 서쪽 동해에 면한 지역) 연안은 어느 쪽 EEZ에도 속하지 않고 한일이 공동 관리하는 잠정수역으로 설정되어 양국의 어선이 함께 조업을 할 수 있게 되었다.

그런데…….

휴업기간이 일본의 3분의 2인 한국 어선은 일본 어선보다 빠른 시기에 잠정수역에 출어한다. 그러고는 수 킬로의 해저 아래를 거의 차단하듯이 그물망을 고정 설치하는 '저인망어업'을 통해 대게를 일망타진하듯이 싹쓸이한다. 일명 '대게잡이 통발'이라는 어구도 규제가 약한 한국 어선이 일본의 10배 이상 투망한다고 한다. 이로 인해 일본 어선이 출어했을 때 바다는 이미 빈껍데기 상태가 된다.

게다가 일본 어선은 이동식 '저인망'을 사용하기 때문에 한국의 고정식 어구에 걸리게 될 경우 소송문제로 번지기도 한다. 이 때문에 결국 일본은 잠정수역 밖에서 어업을 할 수밖에 없는 실정이다.

풍요로운 바다라 할지라도 수산자원은 무한하지 않다. 한 조사기관은 잠정수역 내 대게 감소의 원인 중 하나는 한국 어선의 난획이라고 지적한 바 있다. 잠정수역은 사실상 한국 어선이 점거했다고 불만을 토로하는 일본 어업 관계자들의 주장도 무리는 아니다. 그중에는 노골적으로 협정의 파기를 요구하는 어민도 있다. 이러한 주장들은 최근의 영토문제를 구실삼아 더욱 강해질 것이다.

한일 정부는 양국의 어선이 평등하게 조업할 수 있는 시스템을 조속히 강구해야 한다. 더불어 공동으로 수산자원을 관리할 수 있는 새로운 규범 마련도 시급하다. 약 30년의 세월이 흘러 고육지책으로 체결된 신한일어업협정은 독도 영유권이라는 '정치'와 대게라는 실리 즉 '경제'를 분리한 매우 획기적인 방안이었다. 가령 어느 한 쪽이 협정을 파기한다면 오랜 노력이 물거품이 되는 것이며, 독도를 폭파하지 않는 한 해결의 실마리는 사라질 것이다. 중요한 것은 양국의 실리이다. 그러므로 갈매기나 들르는 쓸모없는 섬은 존재하지 않는 것으로 하자.

Q3. 한국이 '다케시마의 날'에 항의하는 이유는?

2003년 2월 김대중 대통령의 후계자로 지목된 노무현 대통령은 취임 직후부터 미래지향적인 한일 관계를 유지하기 위해 역사문제는 결코 거론하지 않겠다고 단언했다. 그런데 그로부터 약 2년 후 갑자기 태도가 달라진다. 일본에서 일어난 새로운 움직임이 그를 격분하게 만들었다. 2005년 3월, 시마네현 의회는 2월 22일을 '다케시마의 날'로 제정한다는 조례를 각의 결정했다. 동 조례의 제1조는 다음과 같이 기술되어 있다.

'시마네현과 현민, 기초 자치단체가 하나가 되어 다케시마 영유권의 조기확립을 목표로 한 운동을 추진하고 국민 여론계발을 촉진하고자 다케시마의 날을 제정한다.'

어렵사리 과거를 봉인하고 미래로 한 발 내딛으려 했던 노무현 대통령에게 일본의 행위는 배신으로 받아들여졌을 것이다.

노무현 대통령은 즉시 "일본의 과거 식민지 정책을

정당화하려는 움직임에는 단호히 대응", "독도 영유권을 단호히 수호" 등 대일정책에 대한 새로운 원칙을 제시했다. 통탄의 역사를 잠시 접어두고 미래지향적인 한일 관계를 꿈꾸던 대통령은 더 이상 존재하지 않았다.

왜 그는 일본의 일개 자치단체의 조례에 이같이 신경을 곤두세웠던 것일까? 여기에는 한국의 드러나지 않은 역사가 있다. 독도가 시마네현에 편입된 것은 1905년 2월 22일이다. 그로부터 5년 후인 1910년 한일병합조약(한국에서는 을사조약, 한일합방늑약, 경술국치, 국권피탈 등도 쓰임.)이 체결되는데, 많은 한국인들은 독도 편입을 '한일병합의 첫걸음'이라고 인식했다. 그렇기 때문에 독도를 단순한 섬이 아니라 침략과 식민지 지배의 시발점이며 상징이라고 생각하는 것이다. 일본이 '다케시마의 날'로 제정한 2월 22일은 한국인에게는 잊을 수 없는 '굴욕의 날'인 것이다.

시마네현은 이러한 역사적인 날로부터 100년이 되는 상징적인 해에 다시 한 번 영유권 확립을 선언하는 '다케시마의 날'을 제정했다. 그리고 일본정부는 묵인했다. 이에 대해 한국 측은 '이는 과거 식민지 지배를 정당화하려는 행위임에 다름없다'고 해석했다. 또한, 한국 측의 격렬한 항의에 대해 일본 측은 '조례제정은 현 의회의 독자적 판단이며, 지자체의 문제에 정부는 관여할 수 없다'고 항변했다.

하지만 1999년 하시모토 다이지로(橋本大二郎) 고치현(高知県) 지사가 고치현에 입항하는 외국선박의 핵무기 탑재 금지를 요구하는 「비핵(非核)항만조례」를 제안했을 때 일본정부는 '안보·외교는 정부의 전권 사항'이라는 이유로 고치현의 조례 제정에 거세게 반발했다. 시마네현과 고치현에 대한 일본정부의 모순된 반응을 보면, 한국인의 일본 정부에 대한 불신감은 지극히 당연하다.

다시 본론으로 돌아가서, 노무현 대통령의 돌변한 태도에 대해 일본 언론계는 지지율 하락을 우려한 노 대통령이 독도 문제로 반일감정을 부추겨 지지율 회복을 꾀하려는 것이라며 일회성 퍼포먼스에 지나지 않는다고 지적했다. 심지어 일본 와이드쇼에서는 연일 일본대사관을 향해 화염병을 던지고 일장기를 불태우는 한국인 영상이 보도됐다. 최근에는 중국 본토의 각지에서 일본 기업을 습격하는 중국인의 모습이 반복적으로 방송된 바 있다.

이러한 보도는 때때로 내셔널리즘에 불을 지피는 원호사격이 되곤 한다. 당시만 해도 그다지 관심을 갖지 않던 「독도 영토론」에 대해 일본의 각 언론사는 앞다투어 보도했다. 독도가 자국령이라는 근거는 한일 모두 갖고 있다. 예를 들면 한국은, 1900년 당시 대한제국의 「칙령 제41호[1]」를 유력한 증거로 제시하고 있다. 이는 쉽게 말하면 관할구역으로서 울릉도와 석도가 명기되어 있으며, 한글을 한자로 고치는 과정에서 '석도'(石島)[2]가 '독도'(獨島)로 표기되었다. 이러한 이유로 석도가 독도라고 주장한다. 이에 대해 일본의 한 교수는 "석도와 독도가 한국어 발음

---

1 칙령 제41호란, 19세기 말 일본인들이 울릉도에서 무단으로 목재를 벌채하는 등 각종 문제가 발생하자, 대한제국 정부는 일본 정부에 이들을 철수시킬 것을 요구하는 한편, 울릉도의 지방행정 법제를 강화하기로 결정한 것을 이름. 이에 따라 1900년 10월 24일 정부회의에서 '울릉도(鬱陵島)를 울도(鬱島)로 개칭하고 도감(島監)을 군수(郡守)로 개정'하기로 결정. 이러한 내용은 1900년 10월 25일 황제의 재가를 받아 10월 27일 「칙령 제41호」로서 관보에 게재했음. 「칙령 제41호」는 제2조에서 구역(區域)은 울릉전도(鬱陵全島)와 죽도(竹島)·석도(石島: 독도)를 관할한다고 규정하여 울도군의 관할 구역에 독도를 명시적으로 포함했음.
2 석도란, 당시 울릉도에는 다수의 남해안 어민들이 살고 있었는데, 이들은 독도를 바위섬이란 뜻의'독섬'이라고 불렀으며 남해안 사투리로'독'은'돌(石)'을 의미. '독섬'은 한자로 의역하면 '석도', 음역하면 '독도'가 됨.

이 비슷하다는 점만으로는 증거가 되지 않으며, 석도는 전혀 다른 섬이었다."라고 반박했다.

단지 문제가 되는 것은 양국 모두 결정적인 증거를 제시하지 못하는 상황에서 마치 일본학자들이 한국 영토설의 반박에 성공한 듯이 보도하는 일본 언론들의 행태이다. 게다가 격정적인 논조로 "한국이 일본 어선을 공격하여 일본인 여러 명이 사망에 이름"이라고 언론을 통해 호소했다. 보도가 연상케 하는 것은 '일본인을 살해하는 한국인'이라는 이미지뿐이다. 결과적으로 일본인은 점점 한국인을 혐오하게 되는 것이다.

이렇게 되면 사태는 '다케시마의 날'만의 문제로 끝나지 않는다. 2006년 4월에는 일본이 독도 주변 해역의 해양조사를 계획하고 있다는 것에 한국 측이 반발하였는데, 이로 인해 일본의 측량선을 침범선으로 간주하고 한국의 경비정이 무력 저지에 나설 것이라는 억측까지 나돌았다. 결국 양국의 충돌만은 가까스로 면했는데, 이러한 상대진영에 대한 경계심은 한일의 배타적 경제수역(EEZ)의 획정협상에도 부정적인 영향을 미쳤다.

그로부터 2개월 후 6년 만에 개최된 EEZ경계선 획정 협상에서 한국 정부는 EEZ의 기점을 울릉도로 했던 기존의 주장을 철회하고 독도를 기점으로 하겠다는 방침을 표명했다. 이는 한국 측 EEZ가 일본 측 EEZ를 조금 침범하겠다는 것을 의미했다.

한국이 지금까지 울릉도를 기점으로 한 것은 독도의 영유권 문제에서 일본과 정면승부는 피하겠다는 의도였다. 그러나 일본이 무단으로 해양조사를 계획했다는 사실에 한국은 일본과의 신뢰관계가 깨졌다고 판단했다. 이후 독도 영유권 주장을 적극 전개하겠다는 방침으로 전환했고, 일본도 지금까지 독도를 자국 EEZ의 기점으로 하겠다는 입장을 고집하고 있어 지금까지 첨예하게 대립 중이며 타협점은 찾지 못했다.

물론 이 사태 초래가 일본만의 책임은 아니다. 한국의 지자체가 '다케시마의 날'에 대응하여 매년 10월을 일본과의 교류를 제한할 수 있는 '독도의 달'로 정했는데, 이는 누가 봐도 과잉대응이며 다소 졸렬하다는 느낌마저 있다. 이러한 반응은 다시 일본인의 한국 혐오라는 내셔널리즘을 부추기고 한일 간의 팽팽한 긴장감을 초래했다. 영토문제를 진정시키고자 한다면, 한국 측도 국내의 반일

감정 완화를 위해 노력해야 한다. 어쨌든 시마네현의 '다케시마의 날' 제정은 성숙한 한일 관계를 기대하는 자의 처사는 아니다. 굳이 비유를 하자면 거의 다 아물어가는 상처를 다시 뜯어낸 꼴이다.

Q4. 최근까지 독도 문제가 잠잠했던 이유는?

전후 세대의 일반 일본인이 독도 문제를 인지한 것은 아마 '다케시마의 날' 소동 이후일 것이다. 이전에도 독도에 대한 한일 양국의 주의주장은 지금과 크게 다르지 않았지만, 다소 격한 논란을 해도 여론몰이를 할 정도의 치열한 분쟁은 아니었다. 그 이유를 설명하기 위해 시대를 조금 거슬러 올라가 보자.

때는 한국전쟁 휴전 직후의 일이다. 이를 계기로 세계는 동서냉전기에 접어든다. 1950년 미국은 아시아의 반공 방벽이라는 관점에서 한일 양국에 암묵적으로 국교정상화를 촉구한다. 공산주의의 물결이 밀려오는 가운데, 같은 진영의 강대국인 미국이 "언제까지 싸움질만 할 거냐?"라고 윽박지른 격이다. 썩 내키진 않았지만, 한일 정부는 국교정상화 협상을 시작했다. 그러나 양국 관계는 전후 배상과 독도 영유권 등 까다로운 현안이 산적해 있어 협상은 초반부터 난항이 계속됐다.

예상대로 1952년 개최된 일차 회담에서 양국은 개최 직전 발표된 '이승만라인'을 두고 시종일관 비난 응수를 반복했다. 이듬해 2차 회담에서는 독도 영유권 문제를 다루었는데, 양보할 의사가 전혀 없는 양측의 협상은 무의미했다. 그다음 3차 회담에서는 일본의 구보타 간이치로(久保田貫一郎) 수석대표가 과거 일본의 식민지 정책에 대해서 "민둥산이 많이 푸르러졌다(한국이 발전했다)." 등이라 비아냥거린 것에 한국 측이 크게 분노하여 또다시 협상은 결렬되었다.

여기서 잠깐! 한국이 국교정상화 협상에서 일본에 어떠한 요구를 했는지에 대해 살펴보자. 주로 다음과 같은 내용이 거론됐다.

① 식민지 시대의 「파괴와 국민의 희생」에 대한 배상 청구
② 1910년 8월 22일 이전 구 대한제국과 일본국 간에 체결된 모든 조약 무효
③ 한국에서 빼돌린 국보 반환

이에 대한 일본 측 답변은 한마디로 대부분 'NO'였다. 특히 ②는 을사조약 체결의 정당성 여부에 관한 문제로, 역사인식이 얽혀 있는 민감한 사안이었다. 물론 한국 측은 일본의 침략적 불법행위인 을사조약은 처음부터 무효

라고 주장했다. 이에 대해 일본 측은 정당한 절차를 통해 체결된 것이며 종전 후 그 효력을 잃었을 뿐이라고 주장했다. 만약, 일본 측 주장에 따라 해석해보면 전시 중에도 을사조약은 유효했으므로 한국은 정식으로 일본의 영토였다. 그러므로 일본의 영토에서 일본과의 교전상태는 있을 수 없으므로 전쟁을 한 적도 없는 것이 된다. 당연히 한국 측이 배상을 요구하는 것은 이론적으로 어불성설인 것이다. 그런데 한국의 이승만 대통령은 일본을 매우 싫어했다. 건널 수 없는 강을 사이에 둔 양국의 협상 관계자들은 대부분 '불가능한 협상'이라고 입을 모았다.

그런데 일본 육군사관학교 출신인 정치가의 등장으로 사태는 일변했다. 1961년 군사쿠데타로 정권을 장악한 박정희 대통령은 즉각 침체됐던 국내의 경제 재건에 집중했다. 정치적으로는 민주화 세력을 억압하고 탄압하면서 동시에 경제개발 5개년 계획을 수립했다. 이른바 권위주의적인 정치를 통해 급속한 경제발전을 목표로 하는 개발독재를 추진한 것이다. 그런데 다른 한편에서는 지금까지 한국 경제를 지탱해왔던 미국의 무상 자금원조가 중단되는 등 경제발전에 필요한 자금이 고갈되고 있었다. 박 대통령은 자신이 수립한 경제개발 5개년 계획을 달성하기 위해서라도 미국을 대신할 '자금줄'이 절실했다.

이때 박 대통령의 사정을 꿰뚫어보듯 일본 측은 한 가지 제안을 한다. '배상 청구권을 포기한다면 그에 상응하는 경제협력에 응할 것'이라는 속삭임이었다. '달콤한 유혹'이었다.

그 결과,

- 일본은 유상, 무상 원조를 한국에 실시한다.
- 한국은 일본에 배상청구를 하지 않는다.
- 이승만라인은 폐지한다.

등에 합의했다.

이를 기초로 한일기본조약이 체결되었고 국교정상화는 실현되었다. 박정희 정권은 일본에서 받은 경제협력금 일부를 전쟁피해자들의 보상금에 충당하며 여론의 비난을 잠재우려 했다.

그렇다면 독도 문제는 어떻게 되었을까? 신기한 점은 기본조약을 비롯한 관련 협정문이나 외교문서 그 어디에서도 언급하지 않았다는 것이다. 그런데 항간에는 이때 한일정부 간에 은밀히 주고받은 밀약이 있었다고 전해진다. '앞으로 해결해야 한다는 점에서 해결한 것으로 간주한다.'라는 「독도 밀약」이 바로 그것이다. 이 내용은 독도 문제를 사실상 보류한다는 내용이다. 관계자의 증언을 통해 이 밀약의 프로세스를 검증·연구한 노 다니엘(Roh Daniel) 저, 『독도 밀약(竹島密約)』(소시사, 2008)에 따르면, 밀약문서에는 다음과 같이 기술되어 있다.

① 독도는 향후 한일 양국 모두 자국의 영토라고 주장하며 이에 반론하는 것에 이의를 제기하지 않는다.
② 장래에 어업구역을 설정할 경우 양국이 독도를 자국 영토로 하는 선을 획정하고, 두 선이 중복되는 부분은 공동수역으로 한다.
③ 현재 대한민국이 '점거'한 현 상황을 유지한다. 단, 경비대 증강 및 새로운 시설 건축, 증축은 실시하지 않는다.
④ 양국은 본 합의사항을 준수한다.

또한, 일본 정부는 2007년 3월 이 밀약과 관련해 스즈키 무네오(鈴木宗男) 중의원 의원이 제출한 질의서에 대해 '합의'된 사실은 없다고 답변하며 완곡히 부정했다.

이 밀약은 한국에서도 역대 대통령에게만 인계되었

는데 1993년 취임한 김영삼 대통령에게는 전달되지 않았다고 한다. 그뿐 아니라 당시 김 대통령은 밀약을 무시하듯, 독도에 헬리콥터 이착륙장 및 접안시설 건설 등을 실시, 무장화를 추진했다.

김영삼 대통령은 정말 밀약의 존재를 몰랐던 것일까? 생각건대, 당연히 알고 있었을 것이다. 밀약이기는 하나, 국제간의 약속임이 틀림없다. 한국 외교부로부터 보고를 받았을 것이며, 이를 알면서도 묵인한 채 밀약을 파기한 것이다.

여기서 주목해야 할 점은, 김영삼 정권이 문민정권이었다는 것이다.

그의 대통령 취임을 기점으로 박정희 정권 이후 30년 간 이어져 왔던 군사정권은 그 막을 내렸다. 사실 김영삼 대통령은 군사정권의 잔재들을 철저히 배제함으로써 국민에게 민주정권으로서의 입장을 강조하고자 했다. 민주정권의 근간을 지탱하는 것은 국민의 지지뿐이다. 그 점에서 군사정권과는 명백히 질적으로 다르다. 김영삼 대통령은 기존의 폐단 척결을 통해 청렴한 이미지를 부각하는 한편, 외교 면에서는 '역사 바로 세우기'를 추진했다. 수시로 일본의 역사 인식을 문제 삼고, 독도 문제에 대해서도 강경노선을 관철했다.

   김 대통령은 종종 "일본 버릇 고치기"를 언급하며 자신의 입장이 일본보다 우위에 있다는 인상을 어필했고, 국민들은 그러한 그를 지지했다. 김 대통령에게 반일강경책은 그야말로 지지율 상승을 위한 '도깨비 방망이'였다. 김 정권이 국민의 지지가 필요한 이상, 이 도깨비 방망이를 내려놓을 수는 없었다. 결국 도깨비 방망이를 휘두르다가 밀약마저 파기해버린 것이다. 군사정권 시절에 완화됐던 한일관계도 그에게는 기피해야 할 구체제의 악습에 불과했다. 이 때문에 밀약은 파기되었고, 독도는 다시금 한일 간의 애물단지로 등장했다. 그렇다고는 해도 일본 내의 독도에 대한 관심은 한국에 비해 훨씬 저조했다.

Q5. 한국 대통령이 갑자기 독도에 간 이유는?

올림픽의 화려한 감동에 찬물을 끼얹는 사건이 일어났다. 때는 2012년 8월, 한국의 이명박 대통령이 현직 대통령으로는 처음으로 독도를 방문했다. 독도는 일본 고유의 영토이며 한국에 불법점거당하고 있다는 것이 일본 정부의 입장이다. 이에 대해 한국 정부는 독도는 역사적, 국제법적으로 한국령임은 명백하며 실효지배 중인 영토로, 일본과 영토문제는 존재하지 않는다는 입장이다. 그럼에도 역대 대통령들이 독도 방문을 단행하지 않은 것은 일본에 대한 '배려'가 있었기 때문이다.

이명박 대통령은 일본에 우호적인 인물로 알려져 있었으며 취임 직후 기자회견에서는 "성숙된 한일관계 구축을 위해 (일본에 대해) 사죄와 반성이라는 단어는 사용하고 싶지 않다."라고 언급, 중단됐던 한일 간의 셔틀외교도 재개되었다. 또한, 2010년 9월 "한일 양국은 지구상에서 가장 양호한 양국 간 관계를 구축할 수 있다."라고까지 발언했다. 이러한 이 대통령이 어째서 이와 같은 반일자세로 돌아선 것일까?

첫째는 친형이 불법자금 수수 혐의로 체포·기소되면서 친족과 측근의 스캔들이 줄줄이 발각되는 사건이 발생했다. 이명박 대통령은 당시 임기 만료를 6개월 앞둔 레임덕과 마주하고 있었다. 이를 만회하고자 '반일'이라는 요소를 이용, 권력 기반 다지기에 나섰다는 설이다. 일본 언론은 유력설로 이 내용을 보도했다.

사실 한국은 정권교체 시 일종의 관례처럼 새로운 정권이 지난 정권의 부정부패를 폭로하곤 해왔다. 이명박 대통령 역시 이러한 상황을 우려했을 것이며 마지막까지 최소한의 영향력을 행사하며 임기를 마치고 싶었을 것이다. 그러나 진짜 이유는 다른 곳에 있었다. 군대 위안부 문제, 이것이었다. 이명박 대통령이 독도 방문을 강행하기 1년 전인 2011년 8월, 한국의 헌법재판소는 획기적인 판결을 내렸다. 처음으로 "일제의 군대 위안부였던 한국인 여성들에 대해 한국 정부가 구체적인 조치를 강구하지 않았던 것은 행정 권력의 부작위(不作爲)이며 위헌이라는 판결을 내린 것"이다. 즉, 위안부 문제의 해결에 정부는 그 어떤 노력도 하지 않았으며 이렇게 수수방관해온 것은 헌법에 위배된다는 이른바 '레드 카드'를 꺼내 든 것이다.

국가가 위헌판결을 받는 것은 상당히 심상치 않은 일이다. 특히 위안부 문제는 '인도적 차원의 문제점'을 안고 있다. 지금까지 한국인들은 침통한 얼굴로 비참한 체험담을 쏟아내는 위안부들의 고뇌를 인터넷이나 언론을 통해서만 접해왔다. 지원 단체들도 일본대사관 앞에서 줄곧 시위를 해왔다. 당연히 반감이나 항의는 가해자인 일본 정부만을 향해 있었다. 그러나 이번 판결을 계기로 한국 정부에도 그 비난의 화살이 쏟아지게 된 것이다. 그 후 위안부 문제 해결을 재촉하는 국내 여론이 일파만파 확산되어 이명박 정권을 벼랑 끝으로 몰아세우고 있었다.

이렇게 되자 일본에 사죄와 반성이라는 단어는 언급하고 싶지 않다고 했던 이 대통령도 기존의 입장을 고수하기는 어려워졌다. 그러나 줄곧 성숙한 한일 관계를 표방해 오던 정책 기조를 하루아침에 전환하기란 쉽지 않았다. 당시 전 세계는 유럽발 금융위기로 인해 동시 불황 상태였다. 재계 출신의 실리를 우선시하는 대통령의 입장에서 통화스와프협정 등 한일경제협력은 지속적으로 유지, 강화하고자 했다.

이를 위해서라도 쓸데없이 일본을 자극하고 싶지 않

은 것이 그의 속내였다. 그럼에도 이명박 정권은 한일 외교장관회담에서 군대 위안부 문제를 거론했다. 이때는 형식적인 문제 제기 수준으로 국내 여론에 대한 알리바이 만들기 정도에 불과했다. 위안부 문제는 1965년 체결한 한일기본조약으로 이미 해결되었다는 것이 일본 정부의 기본적인 입장이다. 한국 정부도 이 점은 인식하고 있었기 때문에 이제 와서 배상을 요구하기는 어려웠다. 이를 정면에서 요구하면 '법적 해결은 이미 완료'라고 외면당할 것은 불 보듯 뻔한 일이었다.

여기서 이명박 전 대통령은 한 가지 묘안을 짜낸다. 일본에서 포상과 배상을 받아내는 것은 무리일지라도 노다 요시히코(野田佳彦) 총리의 진심 어린 사죄라면 양국 모두 수긍하리라 판단한 것이다.

다행히 당시 민주당 정권과의 관계는 양호한 편이었다. 2대 전 총리인 하토야마 유키오(鳩山由紀夫) 총리와는 동아시아공동체구상으로 '한일 양국의 역내 통합경제권 구축이 필요'하다는 점에 합의했고, 그다음 총리인 간 나오토(菅直人) 총리는,「간 나오토 담화」[3]를 발표한 인물이었다. 한국 병합 100년에 즈음한 2010년 8월, 간 나오토 전 총리는 총리 관저에서 열린 기자회견에서 과거 한반도에 행한 식민지 지배에 대해서 "다대한 손해와 고통에 대해 다시 한 번 통절한 반성과 마음으로부터의 사죄를 표명한다."라고 밝혔다.

그 외에도 "한국인들은 그 뜻에 반한 식민지 지배로 인해 나라와 문화를 빼앗기고 민족의 자긍심에 깊은 상처를 입었다."라며, 처음으로 '한국인들'이라는 단어를 사용했다. 이는 「무라야마 담화」(村山談話)[4]를 뛰어 넘는 것으

---

3 간 나오토 담화란, 한일병합 100년에 즈음한 총리 담화(日韓倂合100年に当たり'首相談話'). 2010년 8월 10일, 일본국 내각총리대신인 간 나오토가 일본 도쿄의 총리 관저에서, 내각회의의 결정에 근거하여 대한민국만을 대상으로 병합 과정의 강제성을 우회적으로 시인하고 조선왕조 의궤 등의 문화재를 정부 차원에서 인도한다고 밝힌 담화. 주로 담화를 발표한 간 나오토 총리의 이름을 따서 간 나오토 담화라고도 지칭함.

4 무라야마 담화(村山 談話)란, 1995년 당시 일본 무라야마 총리가 일본이 태평양 전쟁 당시의 식민지배에 대해 공식적으로 사죄하는 뜻을 표명한 담화. 일본의 전후 50주년 종전기념일(1995년 8월 15일) 당시 무라야마 도미이치(村山富市) 총리가 발표했던 담화로, 당시 무라야마 총리는 "식민지 지배와 침략으로 아시아 제국의 여러분에게 많은 손해와 고통을 주었다. 의심할 여지 없는 역사적 사실을 겸허하게 받아들여 통절한 반성의 뜻을 표하며 진심으로 사죄한다."라고 발표함. 이는 외교적으로 일본이 일본의 식민지 지배를 가장 적극적으로 사죄한 것으로 받아들여졌지만, 아쉽게도 강제동원 피해자에 대한 배상 문제와 군대 위안부 문제 등은 언급하지 않았음.

로 높이 평가받았다. 이러한 경위에서 이명박 대통령은 일본 정부로부터 위안부 문제를 언급하는 「노다 담화」(野田談話)를 받아내기로 한다.

협상을 위한 물밑 작업이 추진됐다. 한국의 외교 관계자들에 따르면, 노다 총리는 한국 정부의 요청에 대해 "대통령이 처한 입장은 이해한다. 어떻게 하면 서로 납득할 수 있을지 생각해 보자."라고 의미심장한 답변을 했다. 그러나 그 후 한국 정부가 아무리 구체적인 내용을 요청해도 일본 정부는 '고려 중'이라는 말을 반복할 뿐, 이렇다 할 답변을 해주지 않았다.

당시 일본 내정은 소비세 증세와 관련해 상당한 혼란을 겪고 있었기 때문에 과연 노다 총리가 이 건에 대해 얼마나 진지하게 생각할 수 있었는지 의문이다.

한편, 한국에서는 위안부 문제에 대한 정부 대응을 촉구하는 여론이 거세졌다. 그리고 2011년 12월 결국 서울의 주한일본대사관 앞에 위안부 지원단체가 위안부 소녀상 기림비를 건립했다. 그 직후 교토에서 열린 한일정상회담에서 이명박 대통령은 결단을 내리지 못하는 노다 총리를 향해 질책하듯이 이렇게 말했다.

"양국의 장벽인 위안부 문제의 우선적 해결을 위한 진정한 용기가 필요합니다. 총리께서 직접 해결의 선두에 서주시길 바랍니다. 실무적인 발상보다 높은 차원의 정치적 결단을 기대합니다."

물론, 이는 '노다 담화'의 발표를 재촉하는 발언이었다. 게다가 주한일본대사관 앞 위안부 소녀상의 철거를 요구하는 노다 총리에게 이 대통령은

"일본이 조금만 관심을 가졌더라면 일어나지 않았을 문제였다. 성의 있는 조치가 없는 한 (전 위안부) 할머니들이 돌아가실 때마다 제2, 제3의 기림비가 세워질 것이다."

라며 으름장을 놓기까지 했다.

한일정상회담에서 이 대통령이 위안부 문제를 언급한 것은 이때가 처음이었다. 이러한 결의를 일본 정부도 이해했는지 노다 총리는 "일본의 법적 입장은 정해져 있다."라고 반론하면서도, "인도적 견지에서 대통령과 함께 지혜를 모으고자 한다."라고 답변, 한국 측에 기대감을 불

러일으켰다. 한국의 외교 관계자 중에는 이로써 '노다 담화'가 발표될 것이라고 생각한 사람도 많았다고 한다.

이 대통령이 독도를 방문할 것이라는 정보를 일본 정부가 파악한 것은 방문 전날 오후였다. 청와대에 몰려드는 한국 기자단에 청와대 홍보수석이 방문 일정을 발표했고 그 내용을 주한일본대사관이 입수했다. 일본 측은 다양한 외교채널을 통해 방문 중지를 요청했지만, 이 대통령은 이를 뿌리치듯이 독도로 향한 것이다.

아무리 기다려도 '노다 담화'는 발표되지 않았다. 의미심장한 노다 총리의 발언이 부도수표였다는 것을 깨달았을 때, 이 대통령은 독도 방문을 결심한 것이다.

향후 한국 대통령의 독도 방문은 일본 총리의 야스쿠니신사 참배와 같이 애국심을 검증받는 시험대가 될 것이다. 대통령이 독도 방문을 하지 않으면 국민이 반발하고, 반대로 방문을 단행하면 한일 관계가 악화하는 악순환이 되풀이되지 않을까 심히 우려스럽다.

한일 간의 역사 인식은 왜 항상 엇갈리는가?

한일 관계가 악화하면 반드시 거론되는 문제들은 바로 '군대 위안부', '역사교과서 왜곡' '야스쿠니신사 참배' 등이다. 한국인들은 과연 언제쯤이면 일본을 용서할 수 있을까? 한국이 계속해서 일본의 '전쟁 책임'을 추궁하는 이유를 한국의 입장에서 검증하도록 하겠다.

한국인과 일본인의
허세와 속내

Q6. 군대 위안부 문제는 이미 해결된 문제 아닌가?

군대 위안부 문제가 이명박 대통령의 독도 방문으로 이어진 주된 원인은 제1장에서 말한 바와 같다. 그렇다면 위안부 문제는 언제부터 한일 문제가 된 것인가?

일부 전쟁 경험자들에 국한되기는 했지만, 전쟁 위안부 문제는 상당히 오래전부터 이미 알려져 있었다. 하지만 위안부로 동원된 여성을 포함해 사실을 알고 있는 사람들은 이를 사회에 적극적으로 호소하려 하지 않았다. 아니, 할 수 없었다.

당시 한국 사회에는 유교적 사상이 강해 여성의 정조 관념을 절대시하는 분위기가 뿌리 깊게 자리 잡고 있었다. 그 때문에 전 위안부라는 사실이 밝혀지면 동정을 받기는커녕 손가락질을 받을 것이라는 두려움이 있었다. 그래서 전 위안부들은 입을 다물 수밖에 없었다. 사실을 아는 사람들도 그런 그녀들의 형편을 가슴 아파했을 것이나, 안타깝지만 역사의 어두운 일면으로 덮어야 한다고 생각하는 사람이 많았다.

한편, 사실을 아는 사람들 중에는 당연히 일본인들도 있었는데, 그들은 다른 이유에서 침묵을 지켰다. 이 문제가 만약 세상에 알려지면 한일 간의 새로운 전후 처리 문제가 될 것은 뻔한 일이었다. 일본 정부도, 이를 아는 일본인들도 모두 두려워하는 일이었다.

그러던 중 1990년 이화여자대학교의 윤정옥 교수가 한겨레신문에『정신대의 발자취를 찾아서』라는 취재기를 연재했다. 이는 조선인 위안부의 실체를 기록한 것으로 한국 사회에 큰 반향을 불러왔다.

이 취재기를 계기로 전 위안부들을 지원하는 여성인권단체들이 발족했고 이 단체들이 하나로 통합·결성된 것이 바로 '한국정신대문제대책협의회(정대협)'이다. 이후 동 단체는 조선인 위안부 문제를 세상에 알리는 활동을 활발히 전개했다.

이러한 활동에 힘입어 이듬해 1991년, 한 명의 여성이 구 일본군 위안부로 동원되어 자신이 겪었던 가혹한 체험을 증언했다. 그 생생한 내용은 한국인들에게 크나큰 충격이었다. 절대적인 폭력 앞에서 속수무책으로 성 노예가 되어야 했던 그녀들의 가혹한 운명에 모두가 가슴 아파했고, 경멸의 눈초리를 보내는 이는 없었다. 이 첫 번째 증언자를 포함한 세 명의 전 위안부가 도쿄지방법원에 일본 정부를 상대로 사죄와 배상을 요구하는 소송을 제기했다. 이를 계기로 한국 국내에서는 일본 정부의 책임을 촉구하는 목소리가 날로 거세졌다.

당초 일본 정부는 '민간 업자들이 그러한 분들(군대 위안부)을 군대로 끌고 왔다'며 군의 관여를 부정했다. 그러나『육군성 업무일지 적록』등 구 일본군의 관여 사실을 반증하는 자료가 새롭게 발견되면서 상황은 역전된다. 1993년 일본 정부는 처음으로 한국인 전 위안부를 대상으로 탐문조사를 실시했고 그 결과 불충분하지만 군의 관여를 인정하기에 이른다.

그 후 고노 요헤이(河野洋平) 관방장관의 담화가 발표됐다. 이른바「고노 담화」[1]이다. 후에 이 고노 담화와 관련된 여러 의견들이 제기되지만 그것은 잠시 접어두고, 여기서 이 담화의 내용을 다시 한 번 확인해 보도록 하자.

---

1 고노담화란, 1993년 8월 고노 요헤이(河野洋平) 당시 관방장관이 일본군 위안부에 대한 일본군과 군의 강제성을 인정한 담화임.

요점을 개조식으로 정리하면 다음과 같은 내용이 핵심이었다.

① 위안소 설치·관리에 관해 일본군이 직접 혹은 간접적으로 관여했다.
② 위안부 모집 시, 관헌 등이 직접적으로 가담한 적도 있었다.
③ 한반도 출신 위안부의 모집·이송·관리도 본인의 의사에 반하여 이루어졌다.
④ 위안부 문제는 당시 군의 관여하에 다수 여성의 명예와 존엄에 상처를 입혔다.

그리고 일본 정부는 위안부에 대한 사죄를 표명했다. 그러나 한국의 지원 단체들이 요구했던 위안부와 유족에 대한 배상은 '1965년의 한일청구권협정을 통해 국가 간의 청구권은 마무리되었다'며 거절했다.

이를 본 국제사회는 크게 분노했다. 유엔인권위원회는 조사에 착수했고, 국제법률가위원회가 보고서를 발표하는 등 이 문제에 국제사회는 주목했다. 이에 힘입어 전후 보상을 요구하는 여론은 한국 국내에 그치지 않고 일본까지 확대된다.

이러한 여론을 배경으로 1995년 무라야마 도미이치 (村山富市) 정권은 전 위안부에 대한 위로금 지급 사업을 목적으로 하는 '여성을 위한 아시아평화 국민기금(아시아 여성기금)'을 설립했다. 이 기금은 전 위안부 한 명당 200 만 엔의 '위로금'과 300만 엔 규모의 의료·복지 지원 사업 목록을 전달하는 것이었고 위로금은 국민 모금을 통해 설립한 기금에서, 또한 의료·복지 지원은 국고에서 각각 추렴하기로 했다. 위로금을 국민 모금으로 충당한다는 이 아이디어는 어디까지나 국가가 개인보상을 실시할 수 없다는 일본 정부의 입장을 고려한 무라야마 정권의 고육지책이었다.

이에 대해 한국의 전 위안부들과 지원 단체는 일제히 반대했다. 추후 김대중 전 대통령이 언급한 내용이 그 이유를 명확히 밝히고 있다.

"'위안부' 문제는 일본 정부의 책임이며, 일본 국민의 책임이 아니다. 그러므로 일본 국민으로부터 돈을 받을 이유는 없다. 그러한 위로금을 받는다는 것은 사건의 본질을 왜곡하는 것이다."

「세카이」(世界) 1998년 10월호
「국민적 교류와 우호의 시대를」(国民的な交流と友好の時代を)

전 위안부들이 원하는 것은 우선 진상규명, 그리고 명예와 존엄성의 회복이며 그 후속 조치로 국가 차원의 보상이 이루어지는 것이었다. 그러나 현실적으로 생계가 어려운 전 위안부들도 있었기 때문에 실제로 7명의 전 위안부들이 동 기금의 수령을 승낙했다. 하지만 이 또한 한국에서는 전 위안부들의 약점을 이용한 미봉책이라 비난했고, 한국 언론은 "일본이 한국 정부에 대한 통보도 없이 일시금 지급을 강행한 것은 한일 외교마찰로 이어질 것"(조선일보 1997년 1월 12일 자)이라며 아시아여성기금의 사업을 비판하고 나섰다.

그리고 정대협은 전 위안부 할머니들이 일본 측 기금 수령을 거부할 수 있도록 한국 내에서 모금활동을 추진하겠다고 선언했다.

이 때문에 한국 정부는 당초, 아시아여성기금의 활동을 묵인하는 태도를 보였지만 점차 강경자세로 돌아섰다. '자비'를 베푼다는 자세를 보이는 아시아여성기금 사업에 대한 국내의 비난 여론이 예상보다 심각했기 때문이다. 이러한 비난 여론을 더 이상 묵인할 수 없게 된 한국 정부는 결국 외교채널을 통해 일본정부 측에 아시아여성기금의 위로금 지급 사업을 동결할 것을 요구했다. 하지만 기금 측은 "수령 의사를 밝힌 당사자도 많다"라고 반론, 사업을 계속 추진했다.

1998년 김대중 정권이 출범하자, "피해자들의 생활지원은 국내에서 실시하겠다."라며 한국에서 독자적인 지원제도를 창설했다. 이에 따라 전 위안부라고 밝힌 150여 명의 약 90%에 해당하는 142명의 여성들에게 일인당 3,568만 원이 지급되었다. 이때 아시아여성기금으로부터 이미 위로금을 수령한 사람은 지급대상에서 제외했으며 '향후 일본 측 기금으로부터 금전을 받지 않을 것'을 지급 조건으로 내세웠다.

사실상 이 신제도는 '아시아여성기금 때리기'이기도 했다. 물론 그 이유는 김대중 대통령 본인이 직접 언급한 "일본 국민으로부터 받아야 할 돈이 아니다"라는 취지였다. 덕분에 아시아여성기금으로부터 위로금을 지급받는 한국인 전 위안부는 한 명도 없었다. 아시아여성기금은 한국인 전 위안부에 대한 위로금 지급 사업을 중단하게 된다.

일본이 국가배상에 응하지 않는 것은 한일청구권협약을 체결했기 때문이지만, 그 외에도 "위안부에게 개인 보상을 하면 당시 강제 연행됐던 관계자들의 비슷한 요구가 빗발쳐 보상을 위해 수십조 엔의 재원이 필요해질 것이다."(1998년 5월 29일 아사히신문)라는 설도 있다.

한편, 어디까지나 일본의 국가배상을 고집하는 전 위안부들과 지원 단체 중에는 재판전쟁을 통해 일본 정부의 책임을 추궁하고자 하는 사람들도 있었다. 1992년 12월 한국인 전 위안부 10여 명이 2차 세계대전 중에 위안부 및 여성근로정신대원으로 강제 동원되었다며 국가의 공식적인 사죄와 총 5억 6천 4백만 엔의 손해배상을 청구하는 소송을 제기했다. 6년간의 기나긴 심리 끝에 1998년 4월 야마구치 지방법원 시모노세키지부는 "국회의원은 전 위안부 여성들이 겪은 수많은 고통에 대해 피해 회복 조치를 위한 배상 입법을 해야 할 헌법상의 의무가 있음에도 이를 이행하지 않았다."라며, 일본국은 전 위안부 3명에게 각각 30만 엔의 배상금을 지급하라는 판결을 내렸다.

이는 위안부의 구제조치에 대한 국가의 입법부작위를 인정한 획기적인 판결이었다. 추후 「관부재판」(関釜裁判)이라 불리게 된다. 당시의 신문기사에 상세히 기술되어 있다.

"재판장은 「군대위안부」제도는 철저한 여성차별, 민족차별 사상의 발로이며 여성 인격 존엄의 근원을 침범한 것으로 민족의 자부심을 짓밟은 것이다. 또한, 결코 과거의 문제가 아니라 현재 극복해야 할 근원적인 인권 문제이다. 일본국은 피해자에 대해 더 많은 피해의 증대를 초래하지 않기 위해 배려해야 할 법적 부작위 의무가 있음에도 다년간에 걸쳐 방치하여 고통을 가중시켜 또다시 피해를 주는 결과를 초래하였다.」라고 지적했다. 그리고 1993년 8월 전 위안부에 대해 당시 군의 관여하에 명예와 존엄에 상처 입힌 점을 사죄한 고노 담화가 발표된 이후 「합리적 기간으로서 인정된 3년이 경과하더라도 국회의원이 입법을 하지 않은 것은 위법이다.」라고 밝히고, 「국가는 부작위에 따른 배상으로 위안부에 대해 위자료를 지급할 의무가 있다.」라며 위안부 문제와 관련된 전후 보상 재판에서 처음으로 국가의 책임을 인정했다."

1998년 4월 28일, 아사히신문 기사를 일부 인용하여 요약

그러나 그로부터 3년 후인 2001년 3월 히로시마고등법원은 1심판결을 뒤집고 원고 패소판결을 내렸다. 원고 측은 항소했지만 2003년 3월 대법원은 항소를 기각, 원고 패소를 확정했다. 과연 무슨 이유로 히로시마고등법원은 1심 판결을 번복한 것일까?

"재판장은「원고가 받은 피해의 중대함을 생각하면 입법 조치를 강구하지 않은 점에 대한 불만의 심정은 충분히 이해한다」라면서도 입법부의 부작위에 의한 국가 배상 의무에 대해서는「입법부의 재량적 판단에 맡긴다」라며,「헌법 해석상, 전 위안부에 대한 사죄와 보상 입법 의무가 국가에 있다고는 할 수 없다」라고 밝히고 국가의 책임을 인정한 1심 판결을 번복했다."

2001년 3월 30일 마이니치신문 기사내용 일부를 인용하여 요약

　1년 전 도쿄고등법원에 제소한 전 위안부인 재일한국인 여성의 공소심 판결에서도 동일한 판결이 내려졌다.

　"재판장은「군대 위안부의 설치, 운영에 대해서는 당시의 강제 노동 조약 및 추업(추한 업종) 조약에 대한 위법 행위가 있는 경우도 있었다」라며 국제법상의 국가 책임은 인정하면서도 전 위안부의 피해를 구제하기 위해「원호 정책을 확대 적용하여 보상 입법을 실시할 것인지 아닌지의 판단은 국회의 재량에 속하는 입법 정책의 판단이다. 헌법상 국회의원에 대해 일의적으로 입법 부작위 의무 위반이 있었다고는 말할 수 없다」라며 국가의 배상 책임을 인정하지 않았다."

2000년 12월 1일 마이니치신문 기사 일부를 인용하여 요약

이러한 일련의 재판 판결에서 알 수 있는 점은 군 위안부가 받은 정신적, 육체적 피해의 중대함은 통감하면서도 그녀들을 구제하기 위한 보상 입법에 대해서는 국회의 재량권으로 판단하는 것이다. 이는 관점에 따라서는 국가에 대해 입법 조치 강구를 암묵적으로 촉구하고 있다고도 볼 수 있다. 그러나 이러한 판결이 내려진 지 이미 10년 이상의 세월이 지났다. 전 위안부들이 기대했던 일본 정부의 구체적인 보상 조치는 그 어떤 진전도 보이지 않았다.

한편, 일본의 자민당과 민주당의 유력 정치가들의 '고노 담화' 수정론에 대한 요구가 끊이질 않는다. 2007년 당시 아베 신조(安倍晋三) 총리는 일본군이 위안부를 강제 연행한 「협의(狹義)의 강제성」[2]은 없었다고 발언한 끝에 미국 하원에서 총리의 사죄를 촉구하는 결의안이 제출

---

2 협의(狹義)의 강제성이란, 아베 신조 총리가 위안부 강제동원을 인정한 고노(河野) 담화는 계승하면서도 일본군이 직접 강제로 위안부를 모집한 증거자료는 없다면서 동원한 논리임. 본인들의 의사와 무관하게 모집업자들에 의해 위안부가 된 경우가 있다는 '광의(廣義)의 강제성'은 인정한다는 차원에서 고노 담화는 계승하되, 일본군이나 관리들이 직접 위안부를 강제 모집한 '협의의 강제성'은 인정할 수 없다는 것이 아베 총리의 주장임.

되었고, 결국 총리 사죄로 사태가 일단락되었다.

최근까지도 세간의 이목을 끄는 두 일본인 정치가의 이런 발언도 있었다.

"도쿄도의 이시하라 신타로(石原慎太郎) 전 도지사는 24일의 기자회견에서 일본의 관헌에 의한 위안부 모집의 강제성을 인정했던 지난 1993년 고노 요헤이(河野洋平) 당시 관방장관 담화에 대해 "영문도 모른 채 (한국의 주장을)인정한 바보 같은 짓이 한일 관계를 망쳐 놨다."라고 비난했다. (중략)
한편, '오사카유신회'를 이끄는 하시모토 도루(橋下徹) 오사카 시장도 같은 날 고노 담화에 대해 "증거가 없는 내용으로 최악이다. 한일 관계를 악화시키는 최대의 원흉이다."라고 비판했다.
2007년 아베 신조 내각의 '위안부 강제 연행을 입증할 자료는 없다'는 각의 결정이 법적으로 우선한다며 "각의결정과 담화는 천지차이다. 한국 측이 담화를 근거로 주장하는 것은 잘못된 일이다."라고 밝혔다."

2012년 8월 25일 산케이신문 전자판

그러나 한 번쯤 생각해주길 바란다. 무라야마 정권이 아시아여성기금을 창설했을 때 많은 일본 국민들은 모금에 참여했었다. 그것은 전쟁이라는 비극 속에서 가혹한 운명을 짊어져야 했던 그녀들의 고통에 가슴 아파한 일본 국민들의 순수한 마음은 아니었을까?

그러한 선의를 단칼에 거절한 한국 정부의 대응에도 문제는 있었다고 본다. 물론 일본 국민들에게 받을 돈이 아니라는 논리는 타당하다. 하지만 조금 다른 방법이 있지 않았나 하는 안타까움이 남는다.

많은 한국인들은 우려했다. '짓밟힌 그녀들의 명예와 존엄성이 회복되지 않는다면, 그저 그녀들은 신상이 털린 채 세상의 조롱거리로 남을 뿐이라고……'

서울의 일본대사관 앞에 건립된 전 위안부 소녀상은 그러한 그녀들의 고독과 인권을 과연 그 누가 어루만지고 지켜줄 것인지 묻고 있는 것 같다.

Q7. 일본 교과서에 한국이 참견하는 이유는?

전 위안부들이 일본 정부에 원하는 것은 비단 사죄와 보상만이 아니다. 이러한 과오를 되풀이하지 않도록 올바른 역사교육을 통해 사실을 정확히 알리는 것이다.

일본이 이러한 한국 측의 요구에 움직이기 시작한 것은 1995년 '일본의 아시아 각국에 대한 식민지 지배와 침략에 대한 통절한 반성과 마음에서의 사죄'를 표명한 「무라야마 담화」가 발표되고 나서이다. 1996년 내년도 중학교 교과서 검정결과가 발표되었고 그 중 7개 출판사의 사회 · 역사 교과서에 위안부에 관한 기술이 처음 등장했다.

그 내용은,

- 조선 등의 젊은 여성들을 위안부로 전장으로 연행했다.

오사카서적

- 많은 조선인 여성 등도 종군위안부로 전장에 끌려갔다.

교육출판

- 조선 및 대만 등의 여성 중에는 전장의 위안시설에서 일한 자도 있었다.

시미즈서원

으로 대부분 한 문장 정도로 간략하게 기술했다. 그렇긴 해도 일본 역사 교과서에 위안부 문제가 역사적 사실로 기술된 의의는 크다고 할 수 있다. 교과서 중에는 일본 정부에 보상을 요구하며 시위를 하는 전 위안부들의 사진을 게재한 책도 있어서 사건의 본질을 충분히 전달하려는 교육 면의 노력도 엿볼 수 있었다.

　　한편, 이러한 움직임에 불쾌감을 드러낸 일본인 학자와 정치가도 적지 않았다. 그들은 '군이 강제 연행한 사실은 없다'며 교과서의 위안부 관련 기술의 삭제를 요구했다. 심지어 기존 교과서는 '자학사관'(自虐史觀)의 영향을 받았다고 주장하는 단체도 등장하여 이들은 독단적으로 '자유주의사관(自由主義史觀)'의 구축을 제창하는 '새로운 역사교과서를 만드는 모임(새역모)'(新しい歷史教科書をつくる会)을 결성했다. 그 후 '새역모'의 주장은 고바야시 요시노리((小林義則)의 만화 등을 매개로 지지 세력을 점차 확대해갔다. 이 세력은 정치가들에까지 뻗어 나가 마침내 자민당의 젊은 의원 100여 명이 '일본의 전도와 역사 교육을 생각하는 젊은 의원연맹'을 결성하여 「고노 담화」의 수정과 철회 등을 요구하고 나섰다.

그리고 마침내 2001년 '새역모'가 편집한 새로운 역사 교과서가 137항목이 수정되어 문부과학성의 교과서 검정에 통과됐다. 위안부 문제에 대한 언급이 전혀 없는 역사 교과서의 탄생이었다. 하지만 그 이상으로 놀라운 것은 지난 검정에서 위안부에 대해 기술했던 7개 중 3개 교과서의 위안부 기술 내용이 삭제된 것이다. 그 후에도 삭제하는 교과서가 속출했고 2005년 시점 일본 역사교과서에서 위안부 내용은 찾아볼 수 없었다. 일본의 교과서 검정에서 '새역모'가 주장하는 자학사관이 명확한 하나의 흐름이 되었고 일본 문부과학성에까지 영향을 주었다고 볼 수 있다.

무슨 이야기인가 하면, 한때 독도의 영유권 관련 문제에서 검정 전에 '한국과 일본이 영유권을 둘러싸고 대립하고 있다'고 기술했던 교과서가 검정 통과 후에 '일본 고유의 영토이지만 한국이 불법 점거하고 있다'고 변경 기술되었다. 이 또한 문부과학성의 압력에 의한 내용 변경으로 생각된다.

어느 쪽이든 동 단체에 대해 한국 측은 크게 분노했고, 그 분노는 한국 정치가들이 1998년 '21세기를 향한 새

로운 한일 파트너십'을 제창한 한일 공동선언의 전면 백지
화를 주장하게 되는 심각한 사태를 초래했다.

이를 두고 일본인 입장에서는 "우리나라의 교과서인
데 무슨 참견이냐?"라고 할 것이다. 나 역시 TV 토론 등에
출연했을 때 다른 출연자로부터 "일본인은 한국 교과서에
불만을 제기하지 않는데 왜 한국인은 일본 교과서에 자꾸
참견하느냐? 이는 내정간섭이다."라고 질책을 받은 적이
있다. 그러나 한국이나 중국은 일본의 교과서를 간섭할
수 있는 권리를 인정받았다. 누가 제멋대로 그런 권리를
인정했느냐고 묻는다면 다름 아닌 일본 정부였다.

1982년 고등학교 일본사 교과서에서 중일전쟁의 기
술이 문부성 검정 후 '침략'이라는 단어가 '진출'로 변경된
사실이 대대적으로 보도되었다. (이는 추후 오보였다는
점이 밝혀진다.) 이에 중국과 한국에서 맹렬한 항의가 쏟
아졌다. 당황한 일본 정부는 이 사태를 수습하고자 근현
대의 역사 기술에 대해서는 국제공조라는 견지에서 근린
아시아 각국에 배려한다는 '근린제국조항'을 교과서 검정
에 추가했다. 이러한 이유에서 가령, 한국에서 「고노 담화」
가 일본 정부의 공식적인 견해라면 위안부 문제를 교과서

에 기술해야 한다고 요구해도 반론할 수 없는 것이다.

그런데 위안부 내용이 삭제된 것을 보면 일본 정부는 이를 지킬 의향이 전혀 없어 보인다. 그럼에도 동 조항을 남겨두는 것은 한국이나 중국에 대한 배려라고도 생각되지만 사실상 동 조항이 역사 교과서 문제를 더욱 악화시키는 근본적 요인이다. 아시아 각국에는 과거를 반성한다고 하면서 다른 한쪽에서는 과거를 정당화하는 역사 교과서를 공인하는 자세는 눈 가리고 아웅 하는 식이다. 어차피 근린제국조항은 한국과 중국의 항의에 당황한 일본 정부가 상황을 모면하고자 내놓은 미봉책에 불과하다. 이 때문에 상황이 불리해져도 무시 혹은 조항에 반하는 행동을 서슴없이 한다. 그러고는 한국과 중국을 남의 일에 과민 반응하는 악질 국가 취급을 한다. 결국 자승자박에 빠져가는 것이다.

차라리 이번 기회에 과감히 근린제국조항을 없애버렸으면 한다. 많은 일본인들의 생각처럼 한쪽 국가가 일방적으로 불만을 제기하는 권리를 갖는 것은 공평치 못한 일이며, 이 속에서 상호 이해라는 감정은 나오기 어렵다.

예를 들면, 한국 교과서에는 「무라야마 담화」에 대한 언급이 전혀 없다. 왜 일본 정치가는 이의 제기를 하지 않는지 등 일본은 양국의 관계 개선을 위한 일본의 노력을 더욱 적극적으로 알려야 한다.

지금 한일 양국 간에는 「한일역사공동연구위원회」가 설립되어 역사인식의 견해차를 좁히는 작업을 추진 중이다. 이는 교과서 문제로 한일 관계가 악화한 2001년 10월 관계 정상화를 위해 한국을 방문했던 고이즈미 준이치로 (小泉純一郎) 총리가 제안하고 한국이 동의하여 설립된 것으로, 위안부 및 독도 문제 등 19개 항목의 현안사항에 대해 양국의 역사학자들이 논의를 거듭하고 의견을 조율하고 있다. 근린제국조항에서는 한국과 중국이 일본의 역사 교과서에 일방적으로 이의제기를 하는 편중된 구조였지만 이 역사 공동연구는 일본 측도 한국의 역사 교육에 의견을 제시할 수 있다는 점에서 크게 진일보했다고 할 수 있다.

그러나 실상은 발족한 지 약 10년이 지났지만 여전히 견해차는 좁혀지지 않았고 각자의 주장을 병기하는 수준에 그쳤다.

예를 들면「임진왜란」(일본어: 文禄・慶長の役, 도요토미 히데요시의 조선출병)에 대해서 '권력에 의한 대규모 약탈 전쟁이었다. 『役』이라는 단어를 사용하는 것은 침략자의 견해에 동조하는 것이다.'라는 한국 측의 견해에 대해 일본 측은 '당시 조선은 일본에서 철포와 축성 기술을 도입했다.'라고 되받아치는 식이다. 전국시대조차 이런 식이니 근현대사는 말할 것도 없다.

애당초 한국 측이 동 위원회에 기대한 것은 자국의 '올바른 역사'를 일본 측과의 연구에 반영시켜 일본의 교과서를 수정하는 것이었기 때문에 처음부터 합의는 불가능했다. 상황이 이렇다면 차라리 양국의 견해를 기술한 교과서를 부교재로 제작하여 양국 학교에 배부하는 것도 한 방법이 아닐까? 이를 한국 학생들이 읽고 '임진왜란은 침략전쟁이었지만 다른 한편 철포와 축성기술이 도입되었다.'는 점을 알 수 있다. 적어도 '도요토미 히데요시는 침략자로 많은 조선인을 죽였다.'라는 식의 단편적인 역사교육보다는 훨씬 바람직할 것이다.

또한, 학자들이 머리를 맞대고 논쟁을 하다보면 자연히 한계에 직면하게 된다. 이보다 현실적인 방법을 생각해야 한다. 예를 들면 교사들의 교류 활동이 그것이다. 일본의 교사가, 또는 한국의 교사들이 상대국의 학생들을 가르쳐보는 기회가 생긴다면 학자들의 탁상공론보다는 건설적인 결과를 낳을 것이다.

진정 중요한 것은 과거에 무엇을 했느냐가 아니라 오늘을 사는 우리가 무엇을 할 수 있느냐를 고민하는 것이 아닌가 싶다.

Q8. 야스쿠니신사 총리 참배에 한국은 언제까지 화를 낼 것인가?

일본 총리의 야스쿠니신사(靖國神社) 참배도 오늘을 사는 우리가 고민해야 할 문제 중 하나이다.

주지하는 바와 같이 「야스쿠니신사」[3]는 A급 전범이 합사되어 있다. A급 전범이란 극동국제군사재판(도쿄재판)에서 일본의 군국화에 지도적인 역할을 했다는 점에서 사형 또는 무기징역 판결을 받은 자들이다.

그들은 '국가를 위해서'라고 징병되어 전사했다. 일반 병사와는 전혀 입장이 다르다. 이러한 A급 전범을 비

---

3 야스쿠니신사(靖國神社)란, '나라를 편안하게 한다'는 뜻, 즉 호국신사이자 황국신사로서 2차 세계대전 당시 전몰자를 호국의 영령으로 제사하고 여기에 천황의 참배라는 특별한 대우를 해줌으로써 전쟁 때마다 국민에게 천황숭배와 군국주의를 고무, 침투시키는 데 절대적인 구실을 하였음. 일본의 젊은이들은 '야스쿠니에서 만나자'는 약속을 하고 전쟁터로 떠났을 만큼 모든 가치의 기준을 천황에 대한 충성 여부에 두었고, 따라서 야스쿠니신사의 제신(祭神) 원리는 국민의 도덕관을 혼란시킴. 천황을 위한 죽음은 대부분 명분 없는 침략전쟁에서의 죽음이었기 때문에 일본 군국주의는 이것을 정당화할 수 있는 근거로 신화의식을 조작해 야스쿠니신사를 탄생시켰음.

롯해 일본의 군국화 및 아시아 침략을 단행한 인물까지 신격화하여 혼령을 위로하는 신사에 총리가 참배하는 것은 근대사 속에서 일본이 저지른 전쟁 책임을 부정하는 행위이다. 일본에 침략당한 한국과 중국은 이 전쟁 책임을 각별하게 여기고 있어 총리의 참배를 강하게 비판하고 나선다.

이 때문에 A급 전범이 합사되기 전인 1978년 이전까지는 총리의 야스쿠니 참배는 한국 및 중국에서도 거의 문제 삼지 않았었다.

참배가 비난받기 시작한 것은 나카소네 야스히로(中曾根康弘) 총리가 전후 40년을 기념하며 '총리의 자격'으로 처음 공식 참배를 한 1985년부터였다. 그러나 이듬해 '실수'였다며 참배를 중단했다. 그 이유를 밝힌 관방장관의 담화 내용이 아직 남아 있다.

"작년에 실시한 공식 참배는 과거 일본의 행위로 인해 다대한 고통과 손해를 입은 근린 제국의 국민에게서 일본국의 행위에 책임이 있는 A급 전범을 참배한 것이 아니냐는 비판을 받았으며 나아가서는 일본이 다양한 기회에 표명해온 지난 전쟁에 대한 반성과 그 위에 세워진 평화 우호라는 결의에 대한 오해와 불신마저 초래할 우려가 있다.

(중략) 내각 총리대신의 야스쿠니신사 공식 참배는 삼가
도록 한다."

이 공식 참배에 대해서는 추후 정교분리를 규정한 헌
법에 위배된다는 소송이 각지에서 제기됐고 일부에서는
위헌이라는 판결도 나왔다. 이 때문에 그 후 한동안 총리
의 야스쿠니 참배는 없었다. 그러나 2001년 5월 고이즈미
준이치로 총리가 취임 직후

"야스쿠니신사에 참배하는 것이 위헌이라고 생각지 않는
다. 마음을 담아서 경의와 감사의 성의를 바치고자 한다.
이러한 마음을 담아 야스쿠니신사에 참배할 것이다"라고
명언하며 재개됐다.

결국 고이즈미 총리는 취임 이후 개인으로 야스쿠니
신사 참배를 견지했다. 국내외의 비판에 대해 일관되게
"마음의 문제이다."라고 단호히 물리쳤다. 심지어 거세게
반발하는 중국에 대해 "중국 정부는 어른스럽지 못하고
부끄러운 행동을 했다. 후회할 때가 올 것이다."라는 상당
히 도발적인 태도를 보였다.

그 후 한국과 중국과의 관계는 어떻게 되었을까? 한

마디로 '최악'이었다. 특히 중국은 고이즈미 총리와의 정상회담을 단번에 거절하는 등 초강경자세를 보였고, 중국 공산당의 기관지인 『인민일보』는 고이즈미 총리에 대해 '자기도취에 빠진 독재자'라고 맹비난했다. 필시 이때의 중일관계는 최근의 센카쿠 열도 영유권 분쟁에서 기인한 관계 악화에 버금가는 '중·일 암흑기'였다고 할 수 있다.

중국이 고이즈미 총리를 얼마나 싫어했는지는 다른 부분에도 잘 나타나 있다. 고이즈미 총리가 퇴임한 지 약 2년 후 개최된 베이징 올림픽 개회식에 후쿠다 야스오(福田康夫), 모리 요시로(森喜朗), 아베 신조(安倍晋三) 등 역대 일본 총리를 초청했지만 고이즈미 총리만은 초청하지 않았다. 심지어 고이즈미 총리는 '베이징 올림픽을 지원하는 의원연맹'의 고문이었는데도 말이다. 참고로 이때 이시하라 신타로 전 도쿄도지사도 초대받았다. 지금이라면 상상도 못할 일이지만 말이다.

당시 한국은 김대중 대통령이 대일온건파였기 때문에 관계는 나쁘지 않았지만, 그 후 노무현 정권은 고이즈미 총리의 야스쿠니 참배를 이유로 그때까지 이루어졌던 셔틀외교의 중단을 선언했다.

대략적인 경위는 이러하다. 지금부터는 일본 총리의 야스쿠니신사 참배에 대해 한국인이 반발하는 근본적인 이유를 다루고자 한다.

잘 알려지지 않았지만 실은 야스쿠니신사에는 2만 명 이상의 한국·조선인 전쟁 희생자들도 합사되어 있다. 그들은 '지원'(志願)이라는 명분하에 원치 않은 정벌 전쟁에 참전했다. 그들을 무의미한 죽음에 이르게 한 A급 전범과 합사하고 싶지 않다는 유족들의 반발은 지극히 당연한 감정이며 이러한 이의 제기는 내정간섭이라 할 수 없다.

고이즈미 총리는 야스쿠니 참배에 대해 "마음의 문제이며 평화를 기원하기 위함이다."라고 역설했다. 그러나 반드시 짚고 넘어가야 할 문제가 있다. 유족들이 친족과 혈육을 사지로 몰아넣은 A급 전범을 묻어둔 야스쿠니에 참배하고 그들과 손을 잡는 것이 왜 평화를 기원하는 일이 되는 것인지 깊이 고민해야 할 것이다.

근본적으로 한국과 중국의 대일본 전후처리에 대한 기본 인식은 '태평양전쟁은 아시아에 대한 침략 행위였고 이러한 침략 전쟁은 일본의 일부 군사 파시스트에 의한 폭주로 발발한 일이며, 대다수의 일본 국민은 오히려 전쟁의 피해자였다.'라는 식이다. 도쿄재판[4]은 이러한 맥락에서 쇼와(昭和) 일왕의 전쟁 책임을 묻지 않았고, 침략전쟁에 일본 국민을 동원하고 아시아인들에게 크나큰 고통과 피해를 안겨준 군사 파시스트들이 A급 전범으로서 모든 책임을 지고 처벌당하는 것으로 매듭지어졌다.

그러나 태평양 전쟁을 '자존자위'를 위한 전쟁으로 내세우고 도쿄재판의 국제법상의 정통성을 부인하는 새로운 역사교과서가 검정에 통과되고, 총리가 이러한 군사 파시스트들을 영령으로서 혼을 기리는 신사에 참배하는 행위가 계속된다면 '**태평양 전쟁이 일부 군사 파시스트에 의한 폭주**'라는 해석은 허구가 된다. A급 전범을 비롯한 전쟁 지도자들의 폭주를 미화시키고 재평가하고자 하는 일본 정치가들의 모습은 한국이나 중국인들에게 심각한 불안감만을 안겨줄 뿐이다.

---

4 극동국제군사재판(International Military Tribunal for the Far East, 極東國際軍事裁判)이란, 극동군사재판소가 제2차 세계대전 중의 극동지역 전쟁범죄자들을 심판하였던 재판으로, '도쿄재판'이라고도 함.

일본 총리의 야스쿠니신사 참배를 문제시하는 것은 한국이나 중국만이 아니다. 영국의 파이낸셜 타임즈는

"일본의 범죄를 명예롭게 여기고 일본의 아시아 침략을 무시하는 기념비(야스쿠니신사)를 고이즈미 총리가 끈질기게 참배하는 행동은 아시아 내 일본 리더십의 기대를 꺾는 것으로 일본의 유엔안보리 상임이사국 진출에 대한 지지를 하락시킬 것이다." Financial Times, 2006. 8. 16

라고 일본 총리의 야스쿠니신사 참배에 대한 불쾌감을 표명했다.

또한, 미국의 뉴욕 타임즈는 고이즈미 총리의 야스쿠니 참배를

"참혹한 역사를 미화했다."

라고 논평하고 그 후 정권을 잡을 아베 신조 총리에 대해

"과거의 실패를 과감히 버릴 필요가 있다. (중략) 그 첫걸음으로 전 총리가 도발적으로 반복했던 야스쿠니신사 참배의 중단을 선언해야 할 것이다."

The New York Times, 2006. 9. 27

라며 일침을 가했다.

과거 나카소네 전 총리는 야스쿠니신사 참배를 계속 하는 고이즈미 총리에게 이렇게 말하며 번의를 촉구한 바 있다.

"(A급 전범을) 분사(分祀)하면 가장 좋겠지만, 시간이 걸 린다. 그렇다면 참배를 중지하는 것이 훌륭한 결단일 것 이다."

개인의 신념을 관철하는 것은 상관없지만, 그것이 국 가 전체의 이익에 부합하는지, 어떤 작용을 하는지를 생 각하는 것도 국가의 최고 책임자인 총리의 중요한 자질이 라 생각된다.

Q9. 한국인이 전쟁에서 일본을 위해 싸웠다는 건 사실인가?

> "나는 조선을 대표한다.
> 도망치면 조국이 나를 비웃을 것이다.
> 많은 동포들이 더욱 심한 굴욕을 견뎌내야 할 것이다.
> 나는 일본인이 되어 일본을 위해 죽으려는 것이 아니다."
>
> 겐코쓰 다쿠미(拳骨拓史) 저,
> 『한중일 2000년의 진실, 왜 역사의 거짓이 통하는가』中에서
> (日中韓2000年の真実~なぜ歴史のウソがまかり通るのか~, 후소사)

이는 어느 조선인 군인이 가미카제 특공대에 지원했을 때, 도망치라고 권유하는 형에게 건넨 말의 일부이다. 그는 이 결의대로 한 달 후 전투기째로 적군의 함대를 향해 돌진했고 안타깝게 젊은 목숨을 잃었다.

앞서 야스쿠니신사에는 한국·조선인도 합사되어 있다고 언급했는데, 그 대부분이 군인이다. 2차 세계대전에서 '지원'이라는 명분하에 얼마나 많은 조선인들이 전쟁터에서 사라져갔는지 알고 있는가?

약 24만 명으로 추정된다. 그들은 일본인과 마찬가지로 전쟁터에 끌려나갔고 그 중 약 1만 6천 명이 전사했다.

간신히 살아온 조선인 중에는 폭격으로 팔이 잘려나간 자, 작업 중에 다리가 절단된 자 등 상이군도 적지 않다.

종전 후 일본 정부는 「원호법(전상병자전몰자유족등원호법)」이라는 법률을 제정하여 전상병자 및 전사한 구 일본군인·군속과 유족에 대해 은급 및 유족연금 등의 보상을 실시했다. 단 대상자 중 호적 및 국적조항상 일본 국적이 아닌 자는 제외된다는 규정이 있었다.

즉, 재일한국·조선인의 군인·군속, 그리고 유족은 모두 대상자에서 제외되었다. 이러한 일본 정부의 방식에 불만을 가진 재일한국·조선인의 전 군속·군인들은 30년 이상 청원운동을 계속했고 1990년대부터는 투쟁터를 법정이라는 무대로 옮겨 일본인 수준의 보상을 촉구했다.

재일한국인 석성기 씨와 진석일 씨 등 두 명이 일본 국적이 아니라는 이유로 원호법의 지급신청을 기각한 국가의 처분 취소를 요구하여 도쿄지방법원에 제소한 것이 계기였다. 판결은 제소 2년 후인 1994년 7월에 내려졌다.

"어떠한 전후 보상을 할지는 입법정책의 문제이며 원

호법이 재일한국인을 대상에서 제외하는 것은 합헌이다."
라고 재판장은 2명의 주장을 기각했지만 "원고들의 주장
은 경청해야 할 점이 있다."고 덧붙였다. 이는 앞서 언급한
전 위안부들에 대한 판결과 비슷한 것으로, 결국 동정은
하지만 구제는 일본 정부의 재량으로 판단해야 한다는 판
결인 것이다. 하지만 위안부의 소송에서도 있었듯이 일본
정부는 1965년의 한일기본협약을 통해 보상 문제는 이미
해결했다는 입장이다.

비슷한 시기에 해군 군속으로 강제 징용되어 마셜군
도에서 미군의 공격으로 오른팔을 잃은 정상근 씨의 경우
도 역시 일본 국적이 아니라는 이유로 원호법에 근거한
장애연금 신청이 기각되어 이에 불복, 오사카지방법원에
제소했다. 이 판결도 보상은 국가의 재량권에 맡긴다는
점에서 앞서 두 명의 사례와 같았지만 일본 정부의 정책
에 대한 심도 있는 해석이 내려졌다.

"(원호법의 호적, 국적조항은) 구 식민지 출신자에 대한
보상 문제가 외교적 협상으로 해결된다는 점을 전제로 제
정된 것으로 당시는 합리성이 있었지만 1965년의 한일기
본조약의 체결로 양국 간 협의의 가능성이 사라져 재일한
국인에 대한 보상방안이 없는 지금, 조약이 체결되었으므

로 그들을 원호법 적용 대상자에서 제외하는 것은 합리성이 있다고 할 수 없다."

여기에는 약간의 설명이 필요하다. 실은 1952년 샌프란시스코 강화조약이 발효하기까지 GHQ(연합군 최고사령부)의 점령하에서 재일한국·조선인은 일본 국적을 가진 일본인으로 취급되어 상이군인·군속에게도 은급이 지불되었다. 그런데 강화조약의 발효와 동시에 일본 국적을 상실했다는 이유에서 그들에 대한 은급 지급은 정지되었다. 판결문에서는 아무것도 지급받지 못하게 된 그들에 대한 원호는 일본과 각각의 국적을 가진 국가가 외교협상을 통해 특정 조치를 취할 것이라는 전제하에 원호법에 국적 조항을 포함시켰다고 했다.

그런데 정상근 씨의 경우 한국인이므로 1965년의 한일기본조약으로 이 문제는 '완전하고 최종적으로 해결되었다'고 결론지었다. '해결완료'라고 하지만 정상근 씨의 경우 은급이 끊겼을 뿐 변한 건 아무것도 없었다. 판결에서는 결과적으로 원호법의 전제 조건이 예상과 달랐다는 이유로 정상근 씨를 방치해서는 안 된다고 일본 정부를 지적한 것이다.

그렇지만 이 문제는 일본 정부만의 책임은 아니다. 한국 정부에도 잘못은 있다. 한국 정부는 1974년 제정한 대일민간청구권보상법에 근거하여 한국 내 전몰자 8,552 명에게 일인 당 30만 원씩(당시 환율로 약 20만 엔)을 지급했지만 여기서도 재일한국인은 지급 대상에서 제외되었다. 결국 정상근 씨처럼 한국 국적을 가진 재일 상이군과 군속은 양국 정부로부터 어떠한 보상도 받지 못하는 최악의 상황에 처했다.

조선인의 전 군인·군속 중에는 BC급 전범으로 종전 후 사형 판결을 받은 자, 실제 처형된 자도 있었다. 1998년 7월 한반도 출신의 전 BC급 전범과 유가족 총 7명은 도쿄 지법에 일본 정부에 대해 사죄와 배상을 요구하며 제소했다. 판결문은 일본정부에 조속한 구제 입법을 촉구하는 내용이었다.

"전쟁 재판을 받은 지 약 50년이 경과하여 2명이 사망하였으므로 국정 관여자는 문제의 조기 해결을 도모하고자 적절한 입법조치를 강구하기를 기대한다."

원고 중 1명인 문태복 씨는 전시 중 일본군 군속으로 태국에 있던 포로수용소에서 감시원 임무를 명령받았다.

그러나 종전 후 연합국 재판에서 사형을 구형받았고, 그 후 징역 10년으로 감형되어 싱가포르 형무소에서 일본으로 송환되었다. 문태복 씨와 같이 전범으로 사형 선고를 받은 조선인 군속 중 1명은 교수형에 처해졌다고 한다. 조선인 BC급 전범은 도대체 몇 명 정도였을까?

> "전쟁 중에 포로감시원으로 징용된 조선인 군속은 3천 명에 달하며 종전 후 그러한 조선인 군속 중 129명이 전범으로 처벌되어 10명의 조선인 군속이 형장의 이슬로 사라졌다."
>
> 우쓰미 아이코(內海愛子), 「한 조선인 군속의 죽음」
> (ある朝鮮人軍屬の死, 1991년 12월 2일 마이니치신문 석간 요약문)

사형을 모면한 조선인 BC급 전범들은 샌프란시스코 강화조약이 발효된 후에도 계속 일본 정부에 의해 스가모(巢鴨) 형무소에 구류되었다. 하지만 원호법 적용에 대해서는 일본 국적이 아니라는 이유로 대상에서 제외되었다. GHQ와 일본 정부는 재일한국·조선인 BC급 전범의 형을 집행할 때는 일본인, 원호법 적용 시에는 외국인으로 취급하여 방치했다.

결국 재일한국·조선인의 전 군속·군인에게 위로금이 지급된 것은 종전 후 실로 55년의 세월이 지난 후였다.

1998년 21세기 새로운 한일 파트너십 공동선언, 이른바 「한일공동선언」[5]을 하기 직전, 다음 세기로 나아가기 전 지금까지의 현안에 한 획을 긋고자 한 것에서 이루어진 일이다.

일본정부는 2000년 5월 국적을 이유로 연금 등을 지급받지 못하고 있는 구 일본군인과 군무원 출신의 전상자 및 유가족에 대한 일시금 지급을 골자로 하는 **'평화조약 국적이탈자 등인 전몰자 유가족 등에 대한 조위금 등 지급에 관한 법률'**을 통과시켜, 전상병자 본인에게는 위로금 200만 엔과 노후 생활설계지원 특별급부금 200만 엔, 총 400만 엔을 지급했다. 또한, 전사자 및 전상병자의 유가족에게는 조위금으로 260만 엔을 지급하기로 결정했다.

참고로 이 금액은 그들을 일본의 연금제도에 가입시키지 않은 점을 감안하여, 일본인 전상병자가 지급받는 총액의 12분의 1부터 30분의 1 정도의 수준인 액수였다.

---

5 한일공동선언이란, 1998년 10월 일본을 방문한 한국의 김대중 대통령과 일본의 오부치 총리가 서명한 공동선언으로, 한일 양국 간 불행한 역사를 극복하고 미래지향적인 관계를 발전시키기 위해 양국 정상은 과거사 인식을 포함한 11개 항목의 '21세기의 새로운 한일 파트너십 공동선언'을 발표했음.

전쟁 전에는 일본인, 전쟁 후에는 한국·조선인이라는 복잡한 운명을 거슬러오며 두 국가의 질곡에 빠진 재일 한국·조선인의 전 군인·군속들, 하지만 그 존재는 지금까지도 전 위안부들만큼 세상에 알려지지 않았으며 한일 관계를 요동치게 할 정도로 심각하게 받아들여진 적도 없다.

한국에게 그들은 일본을 위해 참전한 배신자이며 일본에게는 귀찮은 존재이기 때문이다. 결국 한일 양국에 외면당하고 버려진 것이다.

아이러니하게도 한일 양국이 지금 그야말로 쟁탈전을 벌이고 있는 독도의 운명과도 닮았다.

Q10. 한일은 독도 분쟁이 일어나기 전까지는 사이가 좋았는가?

재일한국·조선인의 전 군속·군인 및 위안부를 비롯한 전쟁 희생자들에 대한 보상 관련 논쟁의 핵심은, 한국에 대한 배상이 1965년의 한일기본조약으로 결론이 났는지의 여부에 있다. '끝났다'라는 측은 보상을 요구한다면 한국 정부에 요구하라고 하며, '끝나지 않았다'라는 측은 국가에 대한 보상과 개인에 대한 보상은 다르다고 주장한다.

앞에서도 잠깐 언급했지만 이 조약은 협상 개시 당초부터 큰 논란거리였고 그 후 결렬과 재개를 반복하면서 10년 이상의 오랜 협상 끝에 체결된 것이다. 오랜 세월 협상이 난항을 겪은 것은 한국 병합에 관한 역사 인식의 차이, 독도 영유권 분쟁 등이라는 걸림돌이 있었지만, 무엇보다 한국이 전승국에 포함되지 않았다는 점을 결정적 이유로 꼽을 수 있다.

국교정상화 협상에 앞서 이승만 정권은 1949년 일본에 요구하는 전쟁 배상으로 20억 달러 규모의 배상액을 산출했다. 그러나 1952년 샌프란시스코 강화조약에서 한국의 참여는 인정되지 않아 전승국으로서의 지위 획득에 실패했다. 일본에 전쟁 보상을 요구할 수 있는 것은 기본 적으로 강화조약을 체결한 전승국에 국한되기 때문에 한국은 일본에 대한 전쟁 배상의 권리를 사실상 상실했다. 이로써 20억 달러라는 보상금도 물거품으로 사라졌다.

단, 이로써 일본이 한국에 단돈 한 푼도 내지 않고 넘어갈 수는 없는 일이다. 일본은 전쟁 배상의 대상에서 제외된 국가들에 대해서는 배상에 준한 '준배상'을 실시하겠다는 약속을 했다. 이 준배상에는 엄밀한 법적 정의는 없고 일반적으로 배상 청구의 포기와 그 대가로 제공받는 무상공여라고 이해하고 있다. 그러므로 한일 간의 보상 문제와 관련하여 체결된 협정에도 '배상'이라는 단어는 없으며 '재산 및 청구권에 관한 문제 해결과 경제 협력에 관한 일본국과 대한민국 간의 협정'이라는 긴 문장의 명칭으로 되어 있다.

그러나 한국정부는 계속해서 전쟁 배상을 고집했고 국교정상화 협상이 시작되자 그 요구를 반복했다. 이에 대해 일본은 한국과의 교전상태는 없었으므로 배상에는 응할 수 없다고 버텼다. 이러한 팽팽한 대립이 협상을 지

연시킨 원인 중 하나였다.

이런 와중에 한국에서 큰 사건이 벌어졌다. 1960년 4월 바로 직전 실시된 대통령 부정선거에 반발한 학생과 시민의 민중시위로 인해 이승만 대통령이 자리에서 물러난 것이다. 그리고 이듬해인 1961년 당시 한국 육군 소장이었던 박정희 대통령이 군사쿠데타를 일으켜 국가재건 최고회의장에 취임했고 이듬해 대통령에 취임하여 정권을 장악했다. 그 직후부터 한일 협상의 양상이 급변하게 된다. 지금까지의 전쟁 배상을 둘러싼 팽팽한 대립은 사라지고 청구권 포기를 전제로 한 무상공여의 구체방안에 대해 논의하게 된다. 여기에는 한국 측 사정도 있었다.

당시 한국경제는 한국전쟁으로 인해 피폐했으며 1인당 국민총생산(GNP)은 아프리카 각국의 수준으로 세계 최빈국이라는 참담한 상태였다. 이 때문에 안정적인 정권 유지를 위해 경재 재건은 시급했다.

민중봉기도 그 속내를 뒤집어보면 벼랑 끝에 선 경제 상태에 대한 불만의 표출이었다. 경제 재건에는 일본의 경제 원조가 불가피했다. 게다가 미국의 중재도 있어 타협은 피할 수 없었다. 당초 한국 정부는 청구권 포기에 따른 무상공여로 8억 달러를 요구했으나 일본의 답변은 5천만 달러. 이것이 6억 달러 대 3억 달러가 되었고 최종적으로는 무상 3억 달러, 유상 2억 달러, 민간차관 3억 달러 등이라는 조건으로 매듭지어졌다.

일본 측은 양보했다고 생각하겠지만, 한국 측에서 보면 또다시 타협을 한 격이다. 더욱이 여기에는 '공여 및 대출은 대한민국의 경제 발전에 도움이 되어야 한다.'라는 규정이 있었기 때문에 한국 정부는 이 중 10%만을 일부 군인·군속의 보상에 충당했다. 왜냐하면, 이러한 타협에 대해 국내에서는 '굴욕 외교'라는 비난이 쏟아졌고 박 정권은 이를 완화해줄 대안이 필요했기 때문이다. 그러나 이때도 전 위안부와 재일동포 군속·군인, 재사할린 동포에 대한 보상은 전혀 없었다. 추후 한국 정부는 이때의 협상 경위를 기록한 외교문서를 공개했는데 이를 보면 체결 직전 한일 정부 모두 서로의 타협점을 모색하려는 유연한 태도를 보였음을 엿볼 수 있다.

예를 들면 문화재 반환에 관한 기록에 대해 한국 측 외교문서에는 "불법으로 가져갔으므로 '반환'이라 기록해야 한다."고 요구했고, 이에 대해 일본 측은 "합법적인 것이므로 '기증'이라 해야 한다."라고 주장했다. 결국 '인도'라는 문언으로 타협하는 등 협상 초반 공방만을 벌이던 분위기가 거짓말처럼 사라졌다.

그러나 최종 단계까지 합의에 이르지 못하는 문제가 하나 있었다. 바로 '일본의 사죄'라는 문제의 해결책이었다. 외교문서를 바탕으로 그 협상 경위의 일부를 재현해 보자.

한국정부, "일본에 의한 36년간의 불법지배의 사죄를 조약에 포함해야 한다."
일본정부, "국제법상, 합리적 조치였으며 사죄는 할 수 없다. 국민감정이 받아들이지 않는다."

여기서 한국 정부의 이동원 외무부 장관은 1965년 초, 일본 정부에 대해 구두로 사죄를 요구했다. 일본의 시이나 에쓰사부로(椎名悦三郎) 외무대신이 같은 해 2월 광복(독립) 후 일본의 각료로는 처음으로 한국을 방문했다. 박 전 대통령은 경남 창원의 진해 별장(경남 창원 고 이승만 대통령 별장)으로 가는 도중 이동원 장관에게 이렇게 전했다. "정권도 회담도 둘 다 무너지면 안 된다. 장관에게 맡기겠다." 시이나 외무대신은 삼청동 청운각에서 열린 만찬회에서 "양 정부의 오랜 역사 속에서 불행한 시간이 있었음을 대단히 유감스럽게 생각하며 깊이 반성한다."라고 밝혔다. 그로부터 4개월 후 한일기본조약이 체결되었다. 시이나 대신의 사죄로 조약이 성사되었다는 것은 믿기 어려운 일이지만, 실제로 최종단계에서 등 떠밀리듯 추진된 감은 없지 않아 있다. 필시 미국의 영향이 있었을 것이다.

그 해 미국은 공산진영의 확산을 막고자, 북베트남 폭격을 개시하는 전쟁을 선포했다. 그 때문에 한미일의 군사강화가 시급해졌다. 한일 간의 신속한 조약 체결의 배경에는 이러한 내막이 있다.

미국을 포함해 당시 한일 정부 지도자들의 관심사는 오로지 반공대책과 베트남 전쟁의 향방이었다. 실제로 한일 양국은 당시 '베트남행을 서두르자!'라는 슬로건을 내걸고 전쟁 특수에 매진했다.

한일기본조약은 처음부터 전 위안부 및 재일한국인의 군인·군속, 재사할린 한국인 등 전쟁 희생자들에 대한 보상은 염두에 두지 않았다. 그러므로 조약을 통해 보상이 마무리되었는지의 여부를 논의하는 것 자체가 무의미한 일이다.

지금 우리가 해야 할 일은 늙고 병든 그들에게 인도적인 차원에서 무엇을 해줄 수 있는지, 그리고 실의 속에서 죽어간 자들의 명예를 어떻게 회복시켜 줄 것인지를 고민하는 것이다.

한국인과 일본인은 사이가 좋은 걸까, 나쁜 걸까?

독도 문제가 한창인 중에도 일본 사회에는 변함없이 한류 드라마가 유행한다. 한편, 웹상에서는 한국이나 한국인을 비난하는 사이트가 넘쳐난다. 실제로 일본인은 한국인을 어떻게 생각할까? 한국에서는 어떠한가? 이명박 대통령의 독도 방문과 '반일'적인 여론으로 일시적이긴 하나 당시 대통령의 지지율은 상승했다.

반면, 한국의 주요 신문은 일제히 한일관계의 악화를 경계하는 등 대통령의 대일강경책을 우려하는 목소리도 적지 않았다. 특히 이 대통령의 일왕 관련 발언에는 비판적인 기사도 많았다. 『조선일보』는 "하고 싶은 말을 후련히 다 하는 것이 외교라고 단순하게 생각해서는 안 된다."(조선일보 2012.8.16)라며 불필요한 마찰을 야기한 이 대통령의 발언을 지적했다. 일본인에 대한 한국인의 의식은 어떠한지, 정말 한국인은 일본인을 싫어하는 것일까?

한국인과 일본인의
허세와 속내

Q11. '일본인은 한국인을 싫어한다'는 진짜?

언제부터 일본인의 마음속에 혐한 감정이 생긴 것일까? 아마 1997년에 일본학교 교과서에 군대 위안부 문제가 기술되면서부터라고 생각한다. 이를 계기로 '새로운 역사교과서를 만드는 모임(새역모)'이 일본에서 결성되어 일부 학자들을 중심으로 종전 후의 역사 교육을 재검토해야 한다는 분위기가 확산되었다. 당시까지의 종전 후 교육은 부정적인 역사만을 강조하고 긍정적인 부분은 과소평가하는 경향이 있어 자학사관적인 교육이라는 지적이 있었다. 게다가 자학사관은 일본을 폄하한다는 논란도 있어서 이를 바꾸는 자유주의사관을 제창하기 시작했다.

이 자유주의사관을 긍정적으로 다룬 고바야시 요시노리(小林よしのり)의 『고마니즘 선언』(ゴーマニズム宣言)이 베스트셀러가 되는 등 '새역모'의 주장에 공감하는 이들이 늘어갔다. 그리고 이러한 역사관을 둘러싼 논쟁은 때마침 보급되기 시작한 인터넷을 통해 사이버 세계에서도 화제가 되어 자유주의사관을 열렬히 지지하는 네티즌들도 등장했다.

    그런 와중에 고이즈미 전 총리의 야스쿠니 참배 문제
가 불거졌다. '새역모'가 주장하는 주요 사안 중 하나가 바
로 도쿄재판에 대한 비판이었다. 그것은 승전국에 의한
일방적인 재판이었고, 연합군 총사령부(GHQ)의 전후 통
치와 도쿄재판을 통해 '일본은 악이다.'라는 사고방식을
강요받았다고 주장했다. 게다가 A급 전범은 이미 면책되
었다며 고이즈미 총리의 야스쿠니신사 참배를 지지하고
나섰다.

    또한, 총리의 야스쿠니 참배에 반대하는 한국이나 중
국은 역사를 자국에 유리하도록 왜곡하고 있으며 군대 위
안부의 존재와 중국의 난징대학살[1] 등도 모두 한국과 중
국의 날조라 주장하는 자들도 등장했다.

    그러나 그때까지만 해도 이런 주장은 주로 일부 문화
인이나 정치가들 그리고 인터넷 공간에서 서식하는 사람

---

1 난징대학살(南京大虐殺)이란, 1937년 12월~1938년 1월 당시
중국의 수도 난징과 그 주변에서 일본의 중지파견군 사령관 마
쓰이 이와네(松井石根) 휘하의 일본군이 자행한 중국인 포
로·일반시민 대학살 사건. 부녀자와 어린이를 포함하여 약 30
만 명 이상을 무차별 학살했으며 중국인뿐 아니라 영국, 미국,
독일 등의 외교관들과 관련 기관들까지 약탈, 학살하였음.

들 간에 공유되던 이야기에 불과했다. 혐한 감정이 그 명칭과 함께 확산된 것은 2005년에 야마노 샤린(山野車輪)의 『만화 혐한류』(추후 시리즈로 제작됨)가 출판되면서부터이다.

그 내용은 한국 측에서 보면 차별과 편견이 가득한 허위의 나열이라고밖에는 볼 수 없는 이른바 「돈데모혼(어처구니없는 책)」이었지만 놀랍게도 세계 최대 인터넷 서점인 아마존에서 1위를 차지했고, 더욱 충격적인 것은 고객 리뷰에 '필독서', '제 눈에 안경', '멋지다' 등의 호평이 쏟아지며 절찬리에 팔려나갔다. 여기서는 그 만화에 대해 언급하지 않겠지만 몇 년 전 『만화혐한류'의 이것이 날조』(코몬즈, 2006)라는 책을 출판하며 반론을 제기했다. 그 책의 에필로그에 다음과 같은 내용을 담았다.

"야마노씨는 '한국인의 마음속 근저에는 상대가 일본인이라면 무슨 짓을 해도 상관없다는 식의 일본인 차별의식이 있다.'라고 적었다.(『혐한류 2』, 20쪽) 하지만 내가 보기에는 야마노씨의 마음속 근저에야말로 상대가 한국인이라면 무엇을 쓰든 상관없다는 식의 한국인 차별의식이 있다고 생각된다. 이런 만화 무시하면 그만이라는 사람들도 있다. 하지만 두 만화(주: 『혐한류 2』도 포함)에 적힌 논픽

선을 역사적 사실처럼 받아들이는 일본의 젊은이들이 갈수록 늘어가는 현 상황을 이대로 방치하는 것은 '진정한 한일우호'의 저해 요인을 방치하는 것이다. 또한, 이 어처구니없는 만화로 인해 얼마나 많은 한국인과 재일한국인들이 상처받았는지 부디 많은 사람들의 마음을 헤아려주길 바란다."

실제 노골적으로 혐한 감정을 드러내는 사이버 우익(웹상의 속칭=네토우요)의 대부분이 이 만화의 영향을 받았다고 한다. 만화를 맹목적으로 믿어버린 그들은 "한국인은 스스로 무슨 짓을 해도 상관없다고 생각하는 야만인"이며, 불구대천의 원수라고 생각하게 된다.

인터넷 게시판에는 '바퀴벌레 조센진', '재일한국인을 내쫓자'라며 욕설을 퍼붓는 악플이 넘쳐나며 한국인을 조금이라도 옹호하는 자는 가차 없이 '반일', '매국노'라는 낙인이 찍힌다. 익명성이 보장되는 온라인상에서는 '댓글은 쓰면 끝'이라는 의식이 깔려 있어서 악질적인 허위사실 유포나 중상모략도 끊이질 않는다.

기억하는 사람들도 많을 것이다. 2012년 4월 발각된 인기 개그맨의 모친이 기초생활수급비를 수령하고 있었던 사건은 인터넷상에서도 큰 파문이 일었다. '아들이 연간 수천만 엔을 벌어들이는데 부정수급 아닌가?'라는 댓글이 쏟아졌다. 인터넷상에서는 '부정이라면 용서하지 않을 것이다!'라는 분위기 확산과 함께 재일한국·조선인들이 일본인보다 기초생활수급비율이 높다는 문제가 제기되었고 곧 '재일한국인 때리기'로 이어졌다.

두 문제는 무리하게 결부되어 연예인이 재일교포라는 사람들까지 나타났다. 인터넷 사전 위키피디아의 이 개그맨 관련 항목에 누군가가 '북한 출생'이라고 적었다. 그리고 어느 틈엔가 '재일=부정수급'이라는 키워드가 실시간 검색어 1위를 차지했다.

사이버 우익의 표적은 유명인들뿐만이 아니다. 그 직후 사회문제가 된 일본 오쓰(大津)시의 '왕따사건'이 그것이다. 본 사건은 온라인상에 가해자라고 여겨진 본인을 비롯해 부모의 이름, 사진까지 게재됐다. 그리고 누군가가 근거도 없이 이 일가족에 대해 '재일한국인 인정'이라는 댓글을 달았고 그 후 해당 게시판은 순식간에 가해자와 그 일가족을 포함한 '재일한국인 인권 모독의 장'으로 변질됐다.

또한, 사이버 우익들이 최대의 '사건'이라 부르는 후지TV 항의 시위가 있다. 발단은 배우인 다카오카 소스케(高岡蒼佑)가 자신의 트위터에 게재한 글이었다.

"한때 후지TV에 신세를 진 적이 있지만, 지금은 그곳이 한국 방송국이 아닌가 하는 의구심마저 든다. 우리 일본인은 일본의 전통적인 방송 프로그램을 원한다. 요즘은 일단 한국 방송이 나오면 TV를 꺼버린다."

공공연히 방송국을 비판한 이 일을 계기로 그는 소속사에서 제명됐지만, 이 화제를 다룬 방송사 뉴스 속보 게시판은 사상 최다수의 댓글을 기록했다고 한다. 놀랍게도 후지TV가 사이버 우익의 표적이 된 이유에 대해서 야스다 코이치(安田浩一) 기자는 『인터넷과 애국』(ネットと愛国, 고단샤)이라는 저서에서 다음과 같이 다루었다.

"그때 이미 일부 사이버 세계에서 후지TV는 '일본을 골탕 먹이는 반일방송국'이라는 이미지 때문에 종종 비난의 대상이 되었다. 여기에 배우 다카오카의 발언이 기폭제로 작용해 (중략) 더욱 확산된 것이다. 주된 내용을 열거하면 다음과 같다."

- 후지TV의 스포츠 뉴스에서 축구 '일한전'이'한일전'으로 바뀌었다.
- 「와랏테이이토모」(笑っていいとも)라는 방송에서 '맛있는 전골요리 베스트 5'의 1위가 '김치찌개'였다.
- 「메자마시 TV」에서 우연히 칠월칠석의 소원을 적는 종이 영상이 나왔는데 여기에 "소녀시대처럼 아름다운 각선미를 갖게 해주세요."라는 내용이 방송됐다.
- 올림픽 방송에서 선수가 일장기를 손에 들고 있는 장면이나 기미가요가 흘러나오는 장면이 삭제되었다.
- 일본 최대 인기 애니메이션 「사자에상」 속 주인공의 방에 한국의 인기 아이돌 그룹 '동방신기' 포스터가 붙어있는 장면이 있었다.

이렇게 속속들이 캐낸 것이 그저 감탄스러울 뿐이며 한국인들이 보면 "뭐 이런 사소한 일들도 혐한의 이유가 되는 건가?"하며 당혹스러울 것이다. 그런데 이러한 온라인상의 활동으로 인해 약 2,500명(주최자 발표)이나 되는 사람들이 후지TV에 대한 항의 시위에 가담한 것이다. 심지어 그 2주 후 열린 2차 시위에는 1차 모임의 배 이상인 무려 5,000명이 참가했다고 한다. 물론 시위 참가자 모두가 사이버 우익은 아니겠지만, 단기간에 이렇게 많은 시위 인파가 몰려든 것에는 놀라지 않을 수 없다.

사이버 우익은 이 화려한 시위에 힘입어 다음엔 후원사에 대한 불매운동까지 벌였다. 첫 번째 표적은 생활세제 전문 브랜드인 가오(花王)였다.

"후지TV가 방송하는 한류 드라마의 최대 후원사"라는 것이 그 이유였다. 약 1,200명의 시위대가 가오(花王) 본사 건물 앞에 모여서 기세를 과시했다고 한다. 또한, 아마존의 상품 리뷰란에는 가오(花王)의 상품평이 최저 수준을 기록했고 마치 상품에 대해 중상모략이라도 하는 듯한 신랄한 비판의 글이 쏟아졌다고 한다. 또한, 한국 소주 '경월'을 판매하는 산토리(Suntory)가 홈페이지 상품소개란에 '경월'이라는 상품명은 한국 동해에 인접한 호수라고 표기한 점이 사이버 우익의 노여움을 사서 '촌토리'라 불리는 등 비난이 들끓었다. 그 후 표적은 더욱 확산되어 한국에서 '독도 캠페인'에 등장한 김태희를 '반일 여배우'라며 김태희를 광고에 기용한 로트제약, 한국의 식품업체인 농심과 제휴를 발표한 가메다제과(亀田製菓)등도 불매운동의 표적이 되었다.

자신들의 뜻에 맞지 않는 것을 '애국'이라는 명분하에 단죄해가는 모습은 흡사 과거 중국에서 일어난 문화대혁명을 연상케 했다. 사실 문화대혁명이 그러했듯이 사이버 우익 중에는 자신들의 운동은 '계급투쟁'이라고 하는 자도 있다.

앞서 언급한 『인터넷과 애국』 중의 글을 인용하겠다. 다음 내용의 화자는 「재일동포에 대한 특권을 막기 위한 시민회(재특회)」(在日特権を許さない市民の会)의 회원 중 한 명이다.

"우리는 일종의 계급 투쟁을 하고 있는 것이다. 우리의 주장은 특권 비판이며, 엘리트 비판이다. (중략) 보통 우익이라고 하면 모두 사회 엘리트 계층이 아니던가? 과거 전학공투회의[2]도 엘리트 운동에 지나지 않는다. 옛날에는 대학생이라는 것만으로 특권층이었다. '차별' 따위를 외치던 노동조합조차 충분히 엘리트 계층이었다. 그만한 혜택 받은 자들도 없다. 언론은 말할 것도 없다. 그러한 엘리트 계층이 재일(在日)의 비호를 해왔다. 그렇기에 그들은 재

---

2 전학공투회의(全学共闘会議, 젠가쿠쿄토카이기)란, 1960년대 일본 학생운동 시기에, 1968년에서 1969년에 걸쳐 각 대학교에 결성된 주요 각파의 전학련 또는 학생이 공동 투쟁한 조직이나 운동체를 말함. 일본 공산당을 보수정당으로 규정하고 도쿄대학을 중심으로 시작된 새로운 학생운동으로, 약칭인 전공투(全共闘, 젠쿄토) 혹은 전공투와 같은 1960년대 말 일련의 학생운동을 통틀어 전공투운동이라고 부름.

일 특권에는 눈길조차 주지 않는다."

재특회란 그 이름이 말해주듯이 '재일한국·조선인이 생활보호 수급과 세금, 제도 면 등에서 우대를 받고 있다(그들은 이를 재일특권이라 부른다.)'고 생각하며 일본에서 이들의 근절을 목적으로 설립된 단체이다. 단언컨대 재일특권은 사실무근이며 실제로 특권이라 불릴만한 후한 대접은 없다. 단지 눈여겨봐야 할 것은 저자인 야스다 씨도 지적하는 바와 같이 재특회 스스로가 사회의 메인스트림에서 소외되어 있다는 것을 자각한다는 점이다.

경제의 급속한 글로벌화와 정부의 신자유주의 정책을 통해 일본의 풍요로움의 상징이던 두터운 중간층이 붕괴되고 지금은 '부자'와 '가난한 자'만이 존재하는 양극화 사회가 등장했다. 이러한 격차가 초래한 불안과 불만이 외적으로는 그들을 공격적이게 만들었고 내적으로는 자신보다 하류인 존재에 대해 논하며 안도감을 얻고자 하는 자기방어 본능을 갖게 한 것은 아닌가 싶다. 그러나 '타인'을 공격하는 것도 그리 쉬운 일은 아니다. 때로는 반격도 당하고, 때로는 자신이 던진 칼날이 부메랑이 되어 돌아오기도 한다. 게다가 자신보다 하류라는 존재를 끄집어내는 것도 상당한 고통을 수반한다. 왜냐하면, 재특회의 구

성원들은 이미 자신들을 '하류'라고 인정했기 때문이다.

그러한 그들에게 있어 '타인'이 되는 외국인, 특히 일본 내에 있는 외국인들은 좋은 먹잇감이다. 그리고 '내셔널리즘'이라는 공격 수단은 그들이 일본 내에 있는 한 아무리 공격해도 역공당할 걱정 없는 더할 나위 없이 편리한 테마이다. 또한, '타인'을 단죄하며 느낄 수 있는 카타르시스(catharsis)라는 가장 안전한 피난처를 만들어 주는 주제이기도 하다. 현대 일본의 심각한 문제인 '양극화'와 '하류사회' 그리고 이것이 혐한감정으로 이어지고 있는 것은 재일한국인인 나에게는 참으로 견디기 힘든 현상이다.

Q12. 일본의 한류열풍은 한국인이 의도적으로 만들어낸 것인가?

이명박 대통령의 독도 방문을 계기로 한일관계는 사상 최악의 사태를 직면했다. 그리고 정치·경제 면뿐만 아니라 문화·예술 분야까지 그 여파가 미칠까 우려되는 상황이다. 일본의 한 주간지는 이쯤 되면 '한류 아줌마'들도 정신을 차리지 않겠느냐는 기사를 내기도 했다. 정말 한류 드라마에 푹 빠져 있던 여자들이 이를 계기로 한류 열풍에서 벗어날까?

이 상황에 대해서 내 나름의 견해를 밝히고자 하는데 그 전에 먼저 한류 열풍이 어떻게 생겨났으며 왜? 어디까지? 일본에 확산되었는지를 먼저 설명하고자 한다.

대체로 유행이라든지 열풍이라는 현상은 일반적으로 이를 기획한 자가 있게 마련이다. 그렇다면 한류 열풍을 기획한 자는 누구인가 하면, 실은 한국 정부였다. 이렇게 말하니 왠지 음모와 계략에 말려들었다고 생각할 수도 있겠지만, 한국 정부에 어떤 나쁜 의도나 음모가 있었던 것은 절대 아니다.

계기는 1997년의 외환위기, IMF 사태였다. 이로 인해 한국 경제는 사실상 '파산 상태'가 되었다. 그 직후 취임한 김대중 대통령은 경제파탄의 원인을 재벌기업에 의한 불투명한 경영에 있다고 판단, 계열사 정리와 주력 산업 선정을 중심으로 한 재벌개혁정책을 단행했다. 그중에서 영화나 드라마도 주력 산업의 하나로 해외 수출의 대상이 되었다.

김 대통령 스스로 "영화산업을 전 세계에 수출하자"라고 외치며 업계의 인재 육성과 기자재 확충을 위해 정부 차원에서 최대한의 재정지원을 약속했다. 이것이 전 세계에서 인정받는 영화 제작이 국책사업으로 시작된 배경이다.

그렇다고는 하나 당시까지 한국의 영화계는 그야말로 동면기였다. 과연 정부 지원만으로 해외에서 팔릴 수 있는 영화를 만들 수 있을지 영화 관계자들조차 그 성공을 가늠하지 못했다. 어쨌든 오랜 세월 한국 영화계는 군사 정권의 통제 속에서 영화 제작회사조차 속칭 인허가제라고 부르던 강력한 규제로 인해 옴짝달싹하지 못했다. 군사정권하에서는 엄격한 검열을 받았기 때문에 정권을 비판하는 내용은 물론 NG였다. 로맨스도 밝고 건강한 내용만이 허용되었다. 불륜을 소재로 다루는 것은 얼토당토 않은 일이었다.

이러한 것이 1990년대 들어 민주화와 함께 조금씩 영화 본연의 매력인 오락성을 되찾았지만 안타깝게도 노하우가 없었다. 그런 와중에 1994년부터 상영이 금지돼왔던 할리우드 영화 상영이 실현됐고 한국인들은 처음으로 진정한 엔터테인먼트를 체감했다. 그러나 할리우드 영화 상영이 해금된 직후인 1995년 통계를 보면 국내 한국영화 관객비율은 전체 상영작의 20%에도 못 미쳤다. 심지어 한국에는 '스크린 쿼터제'(screen quota)라는 연간 몇 개월간은 국산 영화를 상영해야 한다는 '강제성'이 있었음에도 불구한 결과였으니 얼마나 한국 영화에 매력이 없었는지 알만하다.

한편, 이 꼬락서니를 어떻게든 바꿔보자는 움직임이 일었다. 자사에서 영화부문을 설립하는 기업이 잇달아 등장한 것이다. 그러나 영화 제작에 나서기는 했지만 관객들의 "촌스럽다", "지루하다"라는 평이 대부분이었다. 지금 다시 생각해봐도 배창호 감독의 〈깊고 푸른 밤〉(1985) 등 일부의 걸작을 제외하면 볼만한 작품은 없었다. 그러나 한국 정부는 재정난 속에서도 영화계에 총 1,500억 원의 자금을 투입, '영화진흥기금'을 창립했다.

이 기금은 시중금리가 10%를 넘나들던 시절에 불과 3%라는 저금리 융자 혜택과 기타 스튜디오 및 촬영 기자재의 저가 임대라는 전폭적인 지원을 받았고 이러한 정책기조는 예상을 뒤엎는 효과를 창출했다. 파격적인 국가 지원은 자금원조만이 아니라 업계의 젊은 세대에게 새로운 기회를 부여한 것이다.

일본에서도 상영되어 폭발적인 화제를 모은 〈쉬리〉(1999)의 감독은 당시 30대 중반이었다. 전 세계 유일한 분단국가인 한국의 숙명을 테마로 한 첩보 로맨스물은 기존 정권이었다면 영화 제작은 불가능했을 것이다. 당시 그 프로듀서는 파산 직전의 기획사에 "지금이야말로 투자가 필요할 때다"라고 설득했고, 결국 그는 관객 수 621만이라는 사상 초유의 히트작을 탄생시켰다.

업계에 강렬한 인상을 준 화제작 쉬리는 동면기를 살아온 구세대와 신세대의 업계 세대교체를 촉진하는 자극제가 되었다. "총감독까지 10년"이라며 선배 감독의 뒤치다꺼리부터 시작해야 하는 기존의 관습에서 탈피한 젊은 세대들이 한류 열풍의 주역이 된 것이다. 신세대의 활약은 영화에서 TV 드라마로 파급되었고 오랜 숙원이던 해외진출을 실현하기에 이른다. 그러한 그들이 성패를 가름하는 '시금석'이 되는 시장이 일본이었다.

당시 한국 상품이 세계에서 가장 안 팔리는 나라가 일본이었다. 물론 여기에는 일본의 국민감정이라는 악재가 있었지만, 이를 감안해도 심각한 수준이었다. 과거 현대자동차가 때를 기다리며 도요타, 닛산자동차와 동급인 고급세단을 100만 엔 이상 저렴한 가격으로 판매했지만, 매출은 전혀 오르지 않았고 불과 몇 년 만에 철수 위기에 내몰렸다.

이러한 배경에서 그들은 일본에서 성공하면 다른 아시아 국가에서도 성공할 것이라 생각했다. 그리고 과거 일본의 인기작인 영화나 드라마를 철저히 연구했다. 나의 지인인 한국의 업계 관계자는 1970년대 일본 화제작인 드라마 〈아카이 시리즈〉(赤いシリーズ)[1]의 각본을 수십 번

---

1 드라마 〈아카이 시리즈〉(赤いシリーズ)는 TBS와 드라마 전문 제작사인 다이에이(大映)TV가 공동으로 1974년~1980년에 걸쳐 10 작품을 제작한 휴먼 서스펜스 드라마 걸작선의 총칭, 당

읽어보며 스토리와 대사를 분석했다고 했다. 분석 결과가 얼마나 제작에 반영되었는지는 모르지만, 〈아카이 시리즈〉의 내용은 고아 출신의 난치병을 앓고 있는 주인공이 마이너스 인생에서 역경을 극복하고 플러스 인생으로 전환되는 흐름이다. 그야말로 한류 드라마에 등장하는 주인공의 배경 설정과 동일하다.

그리고 2003년 〈겨울연가〉가 위성방송인 NHK-BS2채널에서 방송되자 중년 주부층에서 큰 화제가 되었고 사상 초유의 한류 열풍을 일으켰다. 그 후 다른 아시아 국가에서도 방송되어 관련 상품 등을 포함하여 약 2,300억 엔의 경제 효과를 가져왔다고 한다.

이후 지고지순한 러브스토리가 한국 드라마의 '일본용' 상품으로 정착되었다. 그러나 〈겨울연가〉를 넘어서는 한류 드라마는 나오지 않았고 '욘사마 열풍'이나 '한류 사천황'이라는 배우의 인기도 점차 사그라졌다.

시 최고의 인기를 누리던 아이돌 가수 야마구치 모모에(山口百恵)가 10 작품 중 7 작품에 출연했으며, 수많은 시련과 고난 속에서도 밝고 힘차게 살아가는 여자의 모습을 그린 당대 최고의 화제작임.

여기서 한국 드라마는 기사회생의 히트작을 선보인다. 2005년 '대장금'(NHK 종합편성)이 바로 그것이다. 이를 계기로 주요 시청자층이 여성에서 중년 남성으로 확산됐다. 이후 획기적인 한류 드라마 히트작은 없다. 현재 한류 드라마의 인기는 안정궤도에 올랐다고 할 수 있다.

　　한편, 음악 분야는 2010년 8월쯤부터 〈카라〉, 〈소녀시대〉 등이 큰 인기를 누리고 있다. 무엇보다 이러한 팝음악계의 한류 붐에는 특별한 배경이 있다. 한국의 연예기획사는 국내 시장에서 투자금을 회수하지 못하자 일본의 예능 프로덕션 등과 연계하여 한국 가수를 J-POP 가수로 일본시장에 진출시키는 비즈니스 모델을 창출했다. 이를 통해 2000년대 초반에는 〈BOA〉, 후반에는 〈동방신기〉를 성공시켰다.

　　처음 〈카라〉나 〈소녀시대〉는 일본에서 폭발적인 인기를 자랑하는 걸그룹 〈AKB48〉을 겨냥해서 데뷔시켰다. 그러나 AKB와 팬층은 전혀 달랐다. 〈AKB48〉의 주요 타깃은 젊은 남성인데 반해 K-POP은 젊은 여성을 타깃으로 설정했기 때문이다. 이 부분에서 한국 연예기획사의 만만치 않은 전략과 저력이 드러난다.

그런데 2012년 6월 〈카라〉가 출연 예정이었던 행사가 '티켓 판매율 저조'라는 이유로 전격 중지되는 등 K-POP 열풍에 막이 내리는 듯했다. 2011년~2012년까지 불과 2년 새에 20개 이상의 K-POP 그룹이 우후죽순으로 진출, 일각에서는 '구별이 안 된다', '지겹다'라는 지적마저 일었다. 사실 K-POP 그룹의 2012년 앨범 매출은 전년도의 절반으로 감소했다.

이처럼 2012년 8월 이명박 대통령의 독도방문 이전부터 이미 한류 붐은 쇠퇴기에 접어들었다고 할 수 있다. 그런 의미에서 한류 붐의 흥망성쇠는 앞으로 어떻게 하느냐에 달려 있다고 볼 수 있다.

독도 문제에서 독도 캠페인에 참가한 배우 김태희나 독도 횡단 퍼포먼스를 보인 주몽의 송일국처럼 반일 활동을 한 한류 스타에 대해 당혹스러워하는 일본인 팬도 많을 것이다. 일본 방송국도 한국 아티스트를 기용할 때는 과거의 반일 발언에 신경을 곤두세우고 있으며 한류 스타의 출연에 신중을 기해야 하는 상황이 전개되고 있다.

하지만 관점을 달리해보자.

최근 사이버 우익을 비롯한 혐한 감정이 소용돌이치는 시대적 배경 속에서 K-POP 열풍 등 새로운 한류 붐은 계속 생겨나고 있다. 이는 한일 관계가 상당히 끈끈하고 긴밀한 관계로 변모하고 있다고 볼 수도 있다. 서로가 서로를 알면 알수록 마찰이 커짐은 당연한 일이다. 그 마찰을 극복했을 때 비로소 한류 열풍은 한때의 붐이 아니라 일본인이 좋아하는 한 요소로 정착될 것이다.

Q13. 한국인 중에 일본을 좋아하는 '친일파'는 없나?

"한국이 친일파 소탕작전을 개시했다."

2012년 9월 일본의 인터넷 게시판에 이러한 제목의 글이 게재되었다. 그 내용은 13세의 한국인 소년이 8월 15일에 '일본제국의 패전을 기념하는 글'이라는 제목의 글을 인터넷에 올렸다. 여기에는 한국의 국기인 태극기를 불태우는 사진도 게재되어 경찰이 국기·국장모독죄(형법 제105조) 혐의로 수사에 착수했다. 참고로 국기모독죄는 형법상 5년 이하의 징역이나 금고, 10년 이하의 자격정지 또는 700만 원 이하의 벌금형에 처해진다.

이 소년이 게재한 글에는 "자신은 매국노가 아니라 순수하게 일본을 돕고자 하는 친일파이다."라고 적혀 있었고, 이에 대해 한국의 네티즌들은 "국가기구를 위해 죽여라.", "부모는 아이를 데리고 일본으로 망명해라."라는 반응을 보였다고 한국 언론이 보도했다.

아무리 그래도 이 한 건을 두고 소탕작전이라니, 일부라고는 해도 다시금 일본인의 혐한 감정에 기름을 부은 꼴이다.

한편, 소년의 "나는 매국노가 아니라...... 친일파이다."라는 문장은 한국에서는 상당히 자극적인 표현이다. 이 글을 처음 읽었을 때 나는 뭔가 단단히 잘못됐거나 오역일 것이라고 생각했다. 가령 일본인이 "저 사람은 친일파다."라고 말하면 이는 대부분 일본에 우호적인 사람이라는 의미일 것이다. 그러나 한국에서는 전혀 다른 의미이다.

한국에서 '친일파'란 과거 식민지 시대의 일제 앞잡이를 지칭하는 말이다. 전시 중에 일본에 협력한 한국인 관료나 경찰관, 지식인 등 반민족적인 매국노를 '친일파'라고 했다. 그러므로 전쟁을 경험하지도 않은 13세의 소년이 '친일파'일 리 만무하다.

이와 같이 일본에 호의적인 감정을 가진 사람을 한국에서는 '지일파'(知日派)라고 한다. 물론 소년이 과거의 '친일파'라는 의미를 알면서도 구태여 '친일파'를 사용했을 가능성도 배제할 수는 없다.

사소한 문제일 수 있겠지만 이것이 바로 "글자 하나가 천양지차"라는 말을 실감케 한다. 실제 이 글자 하나로 한일 관계가 험악해진 적이 있다. 2006년의 일이다. 노무현 정권은 전시 중에 '친일파'로 활약했던 406명의 명단을 공표하고 이 중 1910년 한일병합조약을 체결한 당시 이완용 등 9명의 자손이 상속한 토지를 몰수했다.

'친일파' 본인 소유의 토지도 아닌, 그 자손이 상속한 토지까지 몰수한다는 것은 일본인에게는 다소 이해하기 어려운 조치일 것이다. 그런데 이 정책을 한국인의 70% 이상은 지지했다.

이에 대해 당시 일본의 마치무라 노부타카(町村信孝) 외상은 "한국 정부가 친일파의 재산을 몰수한 것은 일본 때리기이며 반일 감정을 부추겨 지지율을 끌어올리겠다는 노무현 정부의 퍼포먼스이다."라고 한국 정부를 비난했다.

일본은 한국 내 친일파 자손이 한일 우호의 가교 역할을 할 수 있는 사람들이라고 생각했다. 그럼에도 한국 정부가 그들의 재산을 몰수하는 등 박해를 가한 것은 그들을 쓸모없는 존재로 만들어 한일 우호에 힘쓰는 자들에 대한 본보기로 삼았다고 생각했다. 즉 한국은 일본과 관계 개선에 나설 의지가 없는 것이라 판단했다. 이는 일본이 '친일파'의 진정한 의미를 이해하지 못한 것에서 비롯된 오해이다.

한국 정부가 '친일파'의 명단을 공표하고 그 책임을 물은 것은 반일 정책이 아니라, 오히려 자성(自省)의 의미가 강했다고 본다.

한국의 식민지화는 일본의 앞잡이 노릇을 한 자가 있었기 때문이기도 하다. 그렇기 때문에 일본만을 원망할 것이 아니라 한민족의 매국노를 만들어낸 우리에게도 책임이 있지 않느냐는 자기 성찰에서 비롯된 것이다. 한국 정부가 이러한 사고방식을 갖게 된 경위를 살펴보자.

1948년 5월 한국에서 전후 처음으로 국회의원 선거가 치러졌고 '친일파'가 다수 당선됐다. 이 선거 결과에 당시 이승만 대통령은 적잖은 충격을 받았다. 그도 그럴 것이 그는 일본을 매우 싫어했고 선거 전부터 '친일파' 숙청을 염두에 두고 있었다. 그럼에도 불구하고 많은 '친일파'가 국회의원이 되면서 그는 고민에 빠진다. 그리고 또 한가지, 당시 이승만 대통령은 다른 고민거리가 있었다. 바로 공산주의세력의 등장이었다. 결국 그는 좌파세력을 타파하기 위해 '친일파'와 손을 잡는다.

그 후 한국은 군사 정권이 장악했고 그 과정에서 '친일파'는 정부 내에서 세력을 키우며 권력과 부를 동시에 축적했다. 왜 이러한 것이 가능했는가? 그것은 군사정권을 수립한 박정희 대통령 그 자신이 바로 '친일파'의 중심인물이었기 때문이다. 이후 한국 정권은 정도의 차이는 있지만 '친일파'들이 계속 존재해 왔다.

이는 일본 역사에 비추어보면 이해하기 쉽다.

전후 A급 전범이면서 총리가 된 기시 노부스케(岸信介)에게 거부감을 느끼는 일본인도 많다. 또한, 일본 역시 종전 후 점령기에 GHQ와의 거래를 통해 종전 후 사회에 복귀한 구 일본군부 출신 인물에 대한 반발도 거셌다. 단지 일본은 최근 이러한 전쟁 범죄를 스스로 단죄한 점에 대해 '자학적'이라고 비판하는 경향이 강해지고 있어서 전쟁 범죄자에 대한 평가가 한국처럼 일관되지는 않다.

1990년대 한국에 민주화 시대가 도래하자 다시금 '친일파' 추궁에 대한 요구가 거세진다. 1991년 '한일 과거사 청산을 통한 역사 바로 세우기'와 '친일인명사전' 편찬 등을 목적으로 한 민간단체 '반민족문제연구소'(현 민족문제연구소)의 설립을 계기로 '친일파'와 관련된 수많은 서적이 출판된다. 그 대부분은 권력기구의 핵심에 자리 잡은 '친일파' 세력이 '반공산주의'를 내세워 군부와 결탁하여 식민지 시대의 독립운동을 계승한 민주화 운동을 탄압해 온 점을 문제 삼았다.

또한, 1990년대 친일파의 자손들이 해방 후 몰수된 토지나 재산의 반환 소송을 제기했고 그 일부가 승소한 것에 대한 국민들의 반발도 이러한 '친일파' 규명 운동을 더욱 촉진시켰다.

그렇다고는 해도 민주화를 내세운 김영삼 정권도 그 후 김대중 정권도 '친일파' 문제 개혁을 단행하지는 못했다. 왜냐하면, 그들 자신이 '친일파'와 유착한 보수세력과 미묘한 연계 관계를 유지하면서 정권을 장악해왔기 때문이다. 결국 '친일파' 규명의 구체화는 '친일파' 세력과 아무런 관련이 없는 노무현 정권이 출범하면서 이루어졌다.

사실 친일파 자손이 소유한 토지나 재산을 몰수한 점에 대해 지나쳤다는 비판도 있었고, 새로운 법률을 소급 적용하여 처벌하는 방식을 문제 삼는 이들도 적지 않았다. 그러나 한국인들이 친일파 문제를 해결하고 과거사를 극복하기 위해서는 한국인 스스로 '친일파' 문제에 대해 명확한 결론을 내릴 필요가 있다.

　무엇보다 친일파 문제를 매듭짓는 것은 '지일파' 탄생의 촉진제로 작용할 것이며 이렇게 탄생한 지일파들이 한류 붐의 견인차 역할을 할 것이다.

Q14. 한국에는 일본과 같은 '일류열풍'은 없나?

일본에는 한류 열풍이 한창인데 어째서 한국에는 일류 열풍이 없느냐는 질문을 자주 받는다. 답은 '있다'이다.

물론 한류 열풍과 같이 일종의 사회 현상처럼 존재하는 것은 아니지만 일본 문화가 한국에 확산되어 있는 것은 사실이며, 그중에서도 일본 작가들은 한국 독자들에게 꾸준한 인기를 얻고 있다.

대표적인 인기 작가로는 무라카미 하루키(村上春樹)와 요시모토 바나나(吉本ばなな)가 있다. 두 작가의 작품은 해외에서도 널리 읽히고 있지만 한국에도 독자층이 두터우며, 무라카미 하루키의 대표작인 『노르웨이의 숲』은 한국에서만 1,000만 부가 팔려나갔다. 당시 한국에서 팔린 『노르웨이의 숲』의 단행본을 늘어놓으면 서울에서 도쿄까지 길을 낼 수 있을 만큼 방대한 양으로 큰 화제가 된 작품이다. 이것이 발단이 되어 2000년도에 〈냉정과 열정 사이〉(「쓰지 히토나리&에쿠니 가오리」(辻仁成＆江國香織))가 70만 부, 2003년도에는 〈세상의 중심에서 사랑을 외치다〉(「가타야마 교이치」(片山恭一))가 350만 부를 기록했다. 그 밖에도 아사다 지로(浅田次郎), 미야베 미유키(宮部みゆき), 히가시노 게이고(東野圭吾), 이사카 고타로(伊坂幸太郎) 등 일본 작품의 다양한 장르가 사랑받고 있다.

대형 서점에서는 일본 문학상을 받은 작품의 특설 코너를 마련하여 정기적으로 일본인 작가의 페어를 개최하는 곳도 생겼다. 「쓰지 히토나리」(辻仁成)의 팬 사인회에 젊은 여성 독자가 열광한 나머지 소동을 일으킨 사례도 있다. 교보문고 본점 2007년 3월 소설부문 매출 베스트 10에 오쿠다 히데오(奥田英朗)의『공중그네』(空中ブランコ)가 3위, 릴리 프랭키의『도쿄타워』가 4위, 에쿠니 가오리의『마미야 형제』(間宮兄弟)가 5위, 다나베 세이코(田辺聖子)의『아주 사적인 생활』(私的生活)이 10위를 차지하는 등 일본인 작품이 4 작품이나 순위권에 들었다. 참고로『공중그네』는 14주 연속 1위를 차지했다. 한국출판연구소에 따르면 2006년 출판부문에서 일본 문학은 10년 전의 4배인 518 작품에 달한다고 한다. 미국 문학작품을 제치고 처음으로 해외문학 중 1위를 차지한 것이다.

광운대학교의 강태웅 교수(일본대중문화론 전공, 조교수)는 일본인 작가들의 인기 비결에 대해 이렇게 말했다.

"한국 소설에는 역사나 민족 등 무거운 테마가 많으며 사회나 가족을 그리지 않으면 소설이라 여기지 않는 풍조가 지배적이다.
반면 일본 소설은 개인이 중심이 되고 심리묘사가 섬세하여 감정에 호소한다. 이 점이 바로 젊은 층의 절대적인 지지를 얻게 했다." 아사히신문 2007년 3월 31일

나 역시 동감이다. 섬세한 것은 단지 소설만이 아니라 일본의 만화(애니메이션 포함)도 마찬가지이며 한국에서는 소설보다 큰 인기를 누리고 있다. 미야자키 하야오(宮崎駿) 감독의 지브리스튜디오 작품 등은 많은 한국인들에게 사랑받는다. 한국에서는 2009년에 5,735점의 만화가 출판되었는데 이 중 40%가 일본 작품의 번역본이었다.

최근 어느 한류 드라마에서 여자 주인공이 갑자기 마징가 Z 테마송을 부르는 것을 보고 깜짝 놀랐다. 왜 옛날 만화의 테마송을 불렀는지, 지금껏 그 드라마 내용이 이해가 가질 않는다. 어쨌든 일본 소설이나 만화가 한국 속에서 하나의 문화로 뿌리내린 것은 틀림없다. 그러나 한

편으로는 짧은 시간에 이렇게까지 정착했다는 것에 다소 의아해하지 않을 수 없다. 그도 그럴 것이 대략 10년 전까지만 해도 한국 사회에서 일본의 대중문화는 금지되었기 때문이다. 지금껏 몇 번이나 지적했듯이 한국은 '식민지 시대에 일본이 민족 문화를 빼앗았다'는 의식이 강해서 독립 후 일본 문화에 대한 강한 반발심을 가져왔다. 한국 정부도 이러한 국민감정에 배려하여 일본의 영화나 음악 등 대중문화의 수입을 금지했다.

그러나 세월이 흘러 세상은 글로벌화라는 시대에 접어들었다. 사람도 물자도 국경이라는 울타리를 넘나드는 가운데 권총이나 마약이라면 몰라도 문화의 완전 규제란 있을 수 없는 일이었다. 복제 기술의 발달로 CD나 비디오(VHS)의 해적판도 나돌았다. 종종 국내에서 알려지지 않은 것을 악용해 한국 음반시장에서는 일본 곡을 표절하는 일도 비일비재했다. 당시 일본에서 큰 인기를 끌던 '안리'(杏里)라는 가수의 곡을 한국어로 불러 히트곡을 낸 가수도 있다.

그리고 한국사회를 아연실색하게 했던 '빨간 마후라 사건'이 터졌다. '빨간 마후라'는 무엇일까? 이는 1997년을 전후로 한국에서 은밀히 나돌던 '아동 포르노 비디오'의 속칭이다. 출연한 여자 주인공이 빨간 스카프를 하고 있었던 것에서 그렇게 불렸다. 이뿐이라면 단순한 외설 범죄(아동 포르노)였겠지만, 놀라운 점은 그 후 수사를 통해 밝혀졌다.

영상물 속의 여자주인공은 정말 중학생이었고 심지어 여중생의 남자친구를 비롯한 고등학생들이 촬영에 가담했으며 직접 유통시켰다는 사실이었다. 게다가 그들 '작품'의 롤모델이 일본에서 밀수입된 '음란 비디오'였다는 점도 밝혀져 한 차례 큰 소동이 벌어졌다.

"수입 금지로 인해 좋은 내용은 들어오지 않고 나쁜 것만 유입된다."

이 소동 직후 취임한 김대중 대통령은 이렇게 한탄했다.

김대중 대통령은 취임 즉시 수출 산업 육성과 함께 일본 문화의 단계적 개방을 실행했다. '빨간 마후라 사건'을 계기로 문화규제는 긍정적인 면보다 부정적인 면이 더 크다는 점을 국민들이 인식했기 때문이었다. 또한, 당시 이미 위성 방송을 통해 일본영화 등은 방영되고 있었고 대중가요나 영화는 사실상 개방된 상태였다는 점도 이유의 하나였다.

일본 문화 개방은 1998년부터 2003년까지 4단계에 걸쳐 실시되었다. 대략적인 내용은 다음과 같다.

제1차(1998. 10)	칸느 등 국제영화제 수상작 등의 영화 및 만화
제2차(1999. 9)	일본인 아티스트의 소규모 공연
제3차(2000. 6)	성인용을 제외한 영화, 국제영화제 수상작 극장판 애니메이션, 모든 일본인 아티스트의 공연
제4차(2003.9~12)	일본어 가사의 CD, 한일공동제작 드라마, 가정용 게임기

일본의 대중문화 개방으로 한국영화나 음악 산업에 대한 타격을 우려하는 시각도 있었지만, 실제로는 한일 경쟁 촉진을 통해 시장이 활기를 되찾았다는 견해가 지배적이었다.

애니메이션 「짱구는 못 말려」(クレヨンしんちゃん)을 처음 본 어느 할아버지는 "부모 앞에서 엉덩이를 내보이다니 괘씸한 놈이다."라고 핏대를 세웠다는데 이제는 웃고 넘기는 에피소드에 불과하다.

영화나 드라마 원작으로 일본 소설이나 만화를 쓰기도 하고 일본의 영화나 드라마가 정식 절차를 거쳐 한국판으로 제작되는 것도 일류(日流)라는 큰 흐름의 하나이다.

일본 드라마『하얀거탑』은 한국판 드라마로 제작방영되어 최고 시청률인 20%를 기록했다. 그 후 일본 오리지널 버전을 원하는 시청자들 때문에 한국 케이블 방송사가 일본판 방영권 구입에 나섰을 정도로 큰 인기를 얻었다. 그밖에 사회현상으로까지 번진 드라마는『꽃보다 남자』,『연예시대』,『닥터 진』등 셀 수 없이 많다. 반대로『마왕』처럼 한국 방송국에서 방영한 드라마를 일본판으로 제작한 사례도 있었다.

한류가『겨울연가』열풍을 계기로 급류로 일본을 강타했다면, 일류는 가랑비에 옷 젖듯 서서히 '일상의 일부'가 되어 왔다.

1970년~80년대 학생들은 마르크스주의 등 사상서가 한국 내에서 금지됐던 터라 주로 일본 서적을 읽었다. 만화는 그전부터 해적판이 '불법 대여점'을 통해 크게 확산된 상태였다.

그리고 지금은 인터넷 시대이다. 일본에서 방영된 드라마나 애니메이션을 다음날이면 온라인상에서 다운로드를 받을 수도 있다. 고맙게도 열광적인 팬들이 밤을 새서 번역까지 해놓는 덕분에 자막 버전이다.

일본 문화에 등을 돌렸던 시대에는 상상조차 할 수 없었던 일이다. 이 정도로 거부감 없이 일본 문화를 받아들인 것에 가장 놀라는 사람들은 어쩜 바로 한국인 자신들일지도 모르겠다.

Q15. 한국도 중국처럼 끈질기게 '반일교육'을 하나?

일본은 곧잘 '한국은 반일교육을 한다'고 생각한다. 그러나 한국에 반일교육은 존재하지 않는다. 중국은 어떤지 모르겠지만 한국은 학교나 가정 어디에서도 반일교육을 하고자 하는 의식이 없다.

어느 국가이든 자국의 역사를 학교에서 가르친다. 일본에서도 역사 수업에서 미군에 의한 도쿄 대공습[2]이나 히로시마, 나가사키 원폭 투하의 비극을 가르치지 않는가? 그와 마찬가지로 한국의 경우 역사 수업에서는 일본의 한국(조선) 침략과 식민지 지배 문제가 다루어지고 있다. 특히 근대사는 식민지 지배부터 해방운동(=항일)의 역사이기 때문에 반일 교육이라 오해하기 쉽다.

---

2 도쿄 대공습(東京大空襲, Bombing of Tokyo)은 제2차 세계대전이 막바지로 치닫던 1945년 3월 10일, 일본을 무력화시키고 전쟁의 조기 종결을 위하여 미군이 일본의 수도인 도쿄와 그 주변 일대에 대량의 소이탄을 투하한 사건을 말함. 미군은 10일 새벽 약 344기의 B-29 슈퍼 포트리스 폭격기를 이용해 대당 7톤, 총 2천 4백여 톤에 달하는 대량 폭탄을 도쿄 상공에서 투하, 약 3시간 만에 도쿄와 그 일대는 쑥대밭이 되었고 사상자는 약 15만 명에 이를 것으로 추정함.

이렇게 말하면 궤변이라 비난하는 일본인도 있을 것이다. 하지만 이것만은 어쩔 수 없는 사실이다. 식민지로 전락해 언어를 말살당해야 했던 역사를 앞으로 미래를 짊어질 아이들에게 가르치지 않을 수는 없는 일이다.

과거 TV에서 축구 한일전을 보는데 관객 중 누군가가 "역사를 잊어버린 민족에게 미래란 없다"라는 피켓을 들고 있는 영상이 비쳤다. 맞는 말이긴 한데 축구장 객석에서 펼칠 내용은 아니라는 묘한 거부감이 들었다. 마찬가지로 얼마 전 있었던 런던 올림픽 한국 선수의 독도 세레모니 역시 그러했다. 역사관을 갖는 것은 중요하지만, 때와 장소를 가리지 않고 쏟아내는 모습에 시시비비는 차치하고 말로 형용할 수 없는 씁쓸한 기분이 드는 것은 사실이다.

한국은 36년간 일제 통치하에 있던 식민지 시대의 실상과 독립의 역사를 다음 세대에 전하기 위해 역사관, 기념관, 공원 등을 보존하고 있다. 그중 한 곳이 서대문형무소역사관이다.

1908년 한국에서 처음 생긴 근대 형무소로 일본군이

항일 운동가들을 체포하여 수용했던 시설이다. 종전 후 한국의 군사정권하에 서울형무소로 명칭이 변경되어 사용됐지만 1998년 정부수립 50주년을 기념하여 일반 공개되었다.

건물 2층에는 항일운동가 등을 고문했을 때 사용된 수갑이나 곤봉 등이 전시되어 있고 몇 년 전까지만 해도 지하 1층은 밀랍인형으로 당시 모습을 실감 나게 재현한 고문실이 있었다. 그곳은 사람이 거꾸로 매달려 있는 모습, 결박당한 채 일본 헌병에게 물고문을 당하는 모습, 심지어 여성을 폭행하는 장면 등 차마 눈 뜨고 볼 수 없는 참담한 광경이 실감나게 연출되어 있는 형무소 체험관이었다.

역사 교육의 일환으로 전국 각지의 초중고생들이 수학여행이나 견학으로 이 시설을 찾았다. 참혹한 고문 모습에 울음을 터트리는 여학생들도 있었다. 그 눈물은 머지않아 일본인에 대한 원망으로 변질될까? 고문 장면을 본 남학생들은 입술을 깨물며 일본에 대한 증오심을 불태우게 될까? 일본인은 이를 두고 '반일교육'이라 지칭하며 한국인은 '애국 교육'이라 여길까?

이 역사관을 봤을 때 물론 잘못된 것은 아니지만 다소 당혹스러웠다. 피해를 입힌 역사에 대해 무신경한 일본인도 문제지만 이러한 역사교육이 한국인들에게 과도한 피해의식을 심어주는 것은 아닌지 우려스러웠다.

지금을 사는 우리는 일본인의 범죄를 규탄할 것만이 아니라, 인간의 역사가 시작된 후 계속돼 온 전쟁 폭력과 이 원흉이 만들어내는 비극, 그리고 끊임없는 증오의 악순환을 단절하기 위한 지혜를 가르칠 수 있는 '좋은 교육'을 고민해야 할 것이다.

IV

한국과 일본의 새로운 리더는 한일 간의 문제를 극복할 수 있을까?

한국에서는 2012년 말 대통령 선거가 실시됐다. 한국의 새로운 리더는 경색된 한일 관계를 회복시킬 수 있을 것인가? 아니면 더욱 심각한 균열을 초래할 것인가? 그리고 일본정부가 독도 문제 해결을 위해 내놓고 있는 경제 제재, 국제사법재판소(ICJ) 제소 등은 과연 실효성이 있는 것일까?

한국인과 일본인의
허세와 속내

Q16. 한국이 독도 문제에
일왕까지 들먹이는 이유는?

독도 방문에 대해 한국인의 80%가 지지한다는 보도를 의식한 것인지 당시 이명박 대통령은 일본 일왕에 대한 사죄 요구까지 언급했다.

매우 오래전 이야기이지만, 나도 한 잡지에 향후 한일 관계를 생각한다면 쇼와(昭和) 일왕의 방한이 필요하다는 글을 쓴 적이 있다. 그때 우익 세력으로부터 갖은 협박을 받았고 보수계 인사들로부터 비난이 빗발쳤다. 한편, 좀 의외였던 건 좌익 세력으로부터 "일왕의 존재를 인정하는 것이냐?"라는 지적을 받은 일이다.

당시 좌파 언론인 중에는 천황제 폐지를 강하게 요구하는 사람들도 다수 존재했다. '이제 와서 일왕 따위를 외교의 장에 내보내서는 안 된다. 자는 애를 깨우는 꼴이다.'라는 생각이었던 모양이다.

한국인 대부분은 아직도 2차 세계대전 후 일본의 전후 처리에 불만을 갖고 있다. 항간에 전해지는 일본의 전면 항복에 의한 종전이라는 점도 잘못된 것이 아니냐는 생각이 뿌리 깊게 존재한다. 종전 직전, 패전이 확실시되는 상황에서 구 일본군을 이끌던 도조 히데키(東條英機)는 본토 결전을 외치면서 한편으론 연합군 측에 쇼와 일왕의 목숨만을 살려줄 것을 부탁했다는 설이 있다. 물론 쇼와 일왕의 사형 면제를 포츠담선언의 수락 조건으로 내걸었다는 명백한 증거는 없다.

실제로 많은 국가들이 도쿄재판에서 쇼와 일왕의 전쟁 책임을 물어야 한다고 주장했다. 그럼에도 불구하고 쇼와 일왕이 사형 판결과 퇴위 조치를 피할 수 있었던 것은 오로지 미국의 판단이었다는 것이 오늘날의 통설이다.

미국 및 GHQ(연합군 최고사령관 총사령부)의 더글러스 맥아더 원수는 쇼와 일왕이 사형되면 모방 자살을 하는 일본인이 속출할 것을 우려했다고 한다. 게다가 천황제를 유지하고 그 권위를 이용하는 편이 GHQ의 원활한 점령통치에 도움이 될 것이라는 계산도 있었을 것이다.

그러나 한국인들은 도저히 납득할 수 없었다. 전쟁을 비롯한 모든 정치적 결정은 천황의 이름하에 수행, 추진된 것이다. 전쟁의 개전부터 종전을 선언한 것도 모두 천황이다. 그런데도 책임이 없다고 할 수 있을까? 심지어 한반도를 식민지로 삼고 영토를 강탈하고 중국을 침략한 것은 군부의 시나리오라 할지라도, 그 모든 악행을 승인한 것은 다름 아닌 천황이다. 식민지 시대 36년간 한국인에게 준 고통은 모두 천황의 이름하에 이루어진 행위인데 그 책임조차 묻지 않으면서 무슨 전후 처리인가? 납득은커녕 터무니없는 결론이라는 것이 한국인의 일반적인 견해였다. 그 후 문제가 된 군대 위안부와 관련해서도 근본적인 책임은 일왕에게 있다고 생각했다.

이 때문에 내가 "한일이 미래지향적인 관계로 한 걸음 내딛고자 한다면 일왕이 어떤 방식으로든 의사 표시를 할 필요가 있다."라고 주장한 것이다. 또한, 한 잡지에서 쇼와 일왕의 방한을 제안한 이유이기도 하다.

1983년 나카소네 야스히로(中曾根康弘)가 한국을 방문했다. 일본 총리의 첫 공식 방문을 당시 한국의 전두환 대통령은 높이 평가했다. 그리고 이듬해 그 답례로 전두환 대통령이 일본을 방문했다. 한국 현직 대통령의 첫 일본 방문에 한국인들은 기대가 컸다. 일본 방문의 목적이 쇼와 일왕에 의한 '과거사 청산'이라는 것을 알고 있었기 때문이다. 그러나 전두환 대통령과 회담한 쇼와 일왕의 발언은 한국 국민을 크게 실망시켰다.

"금세기 한 시기에 양국 간에 불행한 과거가 있었던 것은 참으로 유감이며 두 번 다시 되풀이되어서는 안 된다고 생각합니다."

누가 무엇을 했는지 어느 쪽의 잘못인지 명확한 언급은 전혀 없었다. 비유하자면 교통사고를 일으킨 가해자가 "이번의 불행한 사고는 참으로 유감이며 다시 되풀이되어서는 안 된다."라고 피해자에게 말한 격이다. 피해자가 분노하는 것은 지극히 당연한 일이며 실제로 이를 통해 과거사가 청산됐다고 생각한 한국인은 단 한 명도 없었다. 이후 한국인은 마음속에서 쇼와 일왕에 대한 이루 말할 수 없는 분노를 품게 된다. 쇼와 일왕이 세상을 뜬 이후에도 이러한 감정은 사라지지 않았다.

1990년대에 들어 한국에 민주화 물결이 거세지면서 다시금 '과거사 청산'을 요구하는 목소리가 드높아졌다. 한국 정부는 이러한 국민의 요구에 등 떠밀리듯이 일본 정부에 선처를 요구했다. 그 결과 1990년 지금의 일왕이 일왕으로는 두 번째로 '유감의 뜻'을 표명했다.

"일본국이 초래한 그 불행한 시기에 한국인들이 겪어야 했
던 고통을 생각하면 저는 통절한 마음을 금치 못합니다."

쇼와 일왕의 '유감의 뜻'보다 한국인의 심정에 한발
다가선 내용이었다. 지난번 마치 남의 일처럼 발언한 내
용에 비하면 "일본국이 초래한"이라는 표현에 한국인들도
다소 마음이 움직였다. 그러나 "통절한 마음"은 납득할 수
없는 면도 있어, 원망이 완전히 불식되지는 않았다. 그렇
기는 해도 정치적으로는 일단락되었다. 한국의 '반일' 내
셔널리즘을 가라앉히는 데는 일본의 일개 정치인 담화보
다 일왕의 "유감 표명"이 훨씬 효과가 좋았다. 왜냐하면,
한국인들은 일왕이 식민지 시대와 전쟁의 최고 책임자였
다고 인식하기 때문이다. 그러므로 쇼와 일왕이 아닌 다
음 세대의 일왕이라 할지라도 일왕임은 틀림없다고 생각
하는 것이다.

이는 어떤 의미에서 한일 양국 정부에게는 편리한
수단이었다. 관계 개선이라는 명분으로 일왕을 이용할
수 있기 때문이다. 2001년 "간무천황(桓武天皇)[1]의 생모가

백제왕의 자손이었다."라고 발표한 현 일왕의 이른바 "반도 기원설" 발언도 양국 정부 관계자가 치밀하게 준비한 것으로 보인다. 이는 한국인들에게 충격적인 발언이었다. 한국에서는 당연한 일이었지만 설마 일왕 본인이 그런 말을 할 것이라고는 생각지 않았기 때문이다. 이 발언을 계기로 현 일왕에게 친근감을 느낀 한국인들은 적지 않았다.

이명박 대통령은 한국에 민주 정권이 탄생한 이후 필시 일본과의 협력 관계를 가장 중시한 대통령일 것이다. 재계 출신의 경제통인 이 대통령은 일본과의 경제 협력으로 얻어지는 한국의 실리를 잘 알고 있었다. 그 때문에 몇 번이나 이 말을 반복했다.

"일본은 한국과 가치를 공유하는 우방이다"

이 발언에서도 그의 의도를 충분히 엿볼 수 있다.

이를 위해 그는 재임 중 유례없이 충격적인 "과거사

---

1 간무천황(桓武天皇)은 나라(奈良) 후기부터 헤이안(平安) 초기의 천황으로 재위기간은 781-806년. 794년 도읍을 나라(奈良)에서 헤이안쿄로 옮겨 헤이안 시대(平安時代)를 열었고 이후 교토는 1000여 년에 걸쳐 일본의 수도가 되었음.

청산"을 획책했다. 그것이 바로 현 일왕의 한국 방문이었다. 한국 외교부에 따르면 이명박 대통령은 독도를 방문하기 전 적어도 세 번 일본 정부에 대해 비공식 일왕 방한을 요청했다. 한국 국민에게 직접 일왕이 유감의 뜻을 표명하고 이를 계기로 한일 간의 과거사를 청산하자는 의도에서였다. 그러나 일본 정부는 이 세 번의 요청에 대해 세 번 다 시원스러운 답변을 하지 않았다. 이 와중에 한국 국내에서 군대 위안부 문제가 터진 것이다. 이 대통령 본인은 미래지향적인 한일 관계 구축을 위해 노력하는데, 이에 호응하지 않는 일본 정부에 대한 원망스러움이 있었을 것이다.

외교란 일종의 줄다리기 게임과 같다. 대통령의 독도 방문과 그 직후의 '일왕 방한 및 사죄 요구'는 줄다리기 도중 한쪽이 줄을 끊어버리는 행동에 견줄 수 있는 사건이었다. 줄을 당기고 있으면 그 효과를 거둘 수 있지만, 줄을 끊어버리면 효과는커녕 향방을 가늠할 수 없는 총체적 난국이 된다. 외교란 그런 것이다.

줄다리기의 줄을 끊어버린 한국은 과연 전쟁에 대한 책임을 면제받고 상징적인 존재로 전락한 일왕이 현재 일

본에서 어떠한 입장에 처해있는지 다시 한 번 깊이 생각
해 봐야 할 것이다.

Q17. 일본이 국제사법재판소에 제소하면 정말 승소하는가?

독도 문제를 결론짓기 위해 일본 정부는 국제사법재판소 (ICJ)에 공동 제소하자고 제안했고 한국 정부는 이를 거부했다. ICJ 제소는 양 당사국이 동의해야 하며 한국 정부가 거부하는 상태에서 재판은 성립하지 않는다. 일본인 중에는 한국이 법정에 서지 않는 것은 질 것을 이미 알고 있기 때문이라고 여기는 사람도 많을 것이다. 과연 그럴까?

재판에는 당연히 증거가 필요하다. 전에도 언급한 바와 같이 일본과 한국 양 정부는 각각 독도의 자국령 주장을 뒷받침하는 근거를 가지고 있다. 양국 모두 갖가지 고문서를 조사, 수집하여 자국에 유리한 기술이나 인용문을 발췌했다. 이러한 자료를 정리하여 '자국령 주장'의 증거로 제시했다. 물론 자국 홈페이지에 게재하는 것뿐 아니라 문서화하여 영어를 비롯한 다국어로 번역해서 세계 각국의 정부와 관계 기관에 배포하고 있다.

그렇지만 이는 재판에서 거의 증거가 되지 못할 것이다. 생각해보면 지극히 당연한 일로, 이는 양국 정부의 주장에 불과하다. 세계 각국에 홍보한 내용들도 마찬가지로 재판에는 영향을 주지 않을 것이라 본다. 일반 재판에서도 그렇지만 필요한 것은 객관성 있는 증거이다. 대학의 연구자 및 역사학자 등이 발표한 논문이 재판에서는 증거로 채택될 가능성이 높다.

현재 전 세계에서 독도 영유권에 관해 얼마만큼의 영문 논문이 발표됐는지 알고 있는가?

확인된 바로는 220편의 논문이 존재한다. 그중 한국령이라고 결론지은 논문은 180편, 일본령이라고 결론내린 논문은 불과 40편밖에 없다. 수치만 보면 한국 측의 압승이다. 물론 그중에는 빈약한 근거를 내세운 논문 혹은 각국의 정부가 고용한 학자의 논문이 포함되어 있을 수도 있기 때문에 더욱 면밀히 조사해보지 않고는 승패를 단언할 수 없다. 그러나 아무리 수치가 다는 아니라고 할지라도 우리가 한 번쯤 눈여겨봐야 할 점이 있다.

동 논문들을 어느 정도 파악한 학자가 언급한 내용이다.

"한국인 학자가 쓴 논문은 전부 '독도는 한국의 영토'라고 주장했는데 일본인 학자의 논문 중에도 '독도를 한국령'이라고 주장하는 논문이 소수지만 존재한다."

즉 일본에서는 학자들의 의견이 일관되지 않다는 것이다. 이 점은 일본의 논단은 언론의 자유가 보장된다는 증좌이지만 국제사법재판소에 자료로 제출된다면 일본 측에 불리하게 작용할 것이다.

여기서 또 한 가지, 일본의 '독도 한국령'의 필두가 시마네대학의 나이토 세이추(內藤正中) 명예교수였다는 점이다. 눈치가 빠르고 민첩한 한국 언론은 이미 2008년에 나이토 교수와 인터뷰했는데 교수는 다음과 같이 단언했다.

"독도에 관한 사료를 연구했고 일본의 주장은 사실이 아니라고 확신한다. 나는 (권력에 눈치를 보지 않는 학풍인) 교토대학 출신이므로 권력에 순응하지는 않을 것이다."

故 나이토 세이추

시마네현은 일본의 독도 영유권 확립을 제창한 '다케시마의 날' 조례를 제정한 본거지이다. 그 중심에서 직격탄을 날린 학자가 있다는 것은 신선한 충격이었다.

심지어 나이토 교수는 2008년 일본 정부로부터 훈3

등의 훈장인 '서보중수장'(瑞宝中綬章)을 수여했다고 하니, 그 분야의 권위자로 손색이 없다. 앞의 취재에서 이런 말도 했다.

"문부과학성의 관료가 (내가 어떤 주장을 하는지도) 잘 모르면서 수상을 결정했다. 훈장을 수여하는 천황 폐하는 독도를 어떻게 생각하시는지 마음이 쓰인다."

그런데 얼마 전 일본의 외무성 관료 출신자와 만났는데, 그때 재판을 했을 경우 일본의 승소 가능성에 대해 허심탄회한 대화를 나눴다.

그러자 그는 한숨을 푹 내쉬며 이렇게 말했다.

"솔직히 어렵다. 이길 가능성이 매우 낮다."

내가 앞서 밝힌 논문 이야기를 꺼내자 그는 고개를 내저으며 부정하면서도 이렇게 말했다.

"한국은 ICJ 재판을 염두에 두고 이미 미국 정부를 중심으로 로비활동을 전개 중이다. 군대 위안부 문제를 국제 문제로 부각시켜 일본의 반성 없는 자세를 어필하는 것 같다. 그것은 이명박 대통령이 '위안부 문제는 전시 중 벌어졌던 여성의 인권에 관한 문제이며 인류의 보편적 가치에 반하는 행위'라고 주장한 것에서도 명확히 알 수 있다. 군대 위안부 문제를 독일 나치의 만행에 필적하는 전쟁 범죄라고 입김을 불어넣는 한국인 로비스트들도 있다.

독도 역시 그러한 전쟁 범죄를 통해 일본이 강탈한 섬이며 나아가 군대 위안부를 만들어냈다는 논법인 것이다. 그러므로 한국 여성을 성노예로 삼은 일본이 침략으로 빼앗은 섬은 한국에 넘겨야 한다는 주장이다. 이러한 논리에 미국과 전 세계의 여론을 끌어들이는 전략이라고 본다. 그렇게 되면 논리가 아닌 감정 문제가 된다. 즉, 가해자는 피해자에게 절대로 이길 수 없는 이치와 상응한다. 한국은 영토 문제를 역사문제화시켜 일본에 대응하고자 하는 것이다.

또한, 한국 정부는 최근 이스라엘 로비를 통해 중국 정부와도 활발히 접촉 중이다. 아무래도 센카쿠 열도를 ICJ에 제소하라고 권유 중인 것으로 보인다. 아시는 바와 같이 센카쿠 열도와 관해서 중일 간에 영토 문제는 존재하지 않는다는 것이 일본 정부의 입장이다. 중국 측이 제소를 하자고 해도 일본 정부는 거절할 것이다. 이것이 한국 정부의 목적이다. 독도 문제와 관련해서는 ICJ 제소를 거부한 한국 측을 비난하면서 센카쿠 문제로는 중국 측 제안을 거절하는 모순된 행동에 대해 비난받을 것이 틀림없다. 이는 일본 정부의 대응은 일관되지 못하다는 지적을 초래할 것이며 국제적인 이미지 하락으로 이어질 것이다. 또한, 만일 ICJ에서 재판을 하게 돼서 독도와 센카쿠 둘 중 하나라도 잃게 될 경우 일본은 정권 붕괴를 피할 수 없을 것이다."

노다 요시히코(野田佳彦) 전 총리는 "의연한 태도", "불퇴전의 각오"라고 했지만 그저 공허하게 들릴 뿐이다. 승산 없는 싸움을 앞두고 말만 용맹스러울 것이 아니라, 국제 사회에서 자국의 존엄성을 지킬 수 있는 구체적인 대책과 전략을 내놓아야 할 것이다.

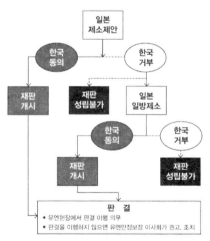

독도 영유권 관련 국제사법재판소의 흐름

Q18. 미국과 유럽 각국은 독도 문제를 어떻게 생각할까?

Q17에서 밝힌 바와 같이 한국 외교부는 일본정부가 독도 영유권과 관련 국제사법재판소(ICJ)에 공동 제소하자고 제안한 것에 대해 이를 정식으로 거부한다고 일본 측에 전했다. "독도는 한국의 영토이다. 원래 분쟁은 없다."라는 것이 한국 측 입장이다.

일본정부는 한국이 거부했기 때문에 단독 제소 준비를 추진 중이다. 일본은 ICJ 공동 제소와 함께 1965년 한일 양국이 나눠 가진 '분쟁해결에 관한 교환공문'에 근거한 조정도 제안했지만, 한국정부는 조정과 관련해서도 거부하겠다는 자세를 표명했다. 일본정부는 1954년과 1962년에 마찬가지로 독도 영유권의 ICJ를 통한 해결을 한국 측에 제안한 적이 있는데 거부당했다. 이번에도 일본 정부가 단독 제소해도 한국이 동의하지 않으면 재판은 시작되지 않는다.

과연 ICJ 제소는 어떤 의미가 있는 것일까?

일본정부의 목적은 ICJ 제소를 통해 '독도는 분쟁지

역'이라는 일본의 주장을 국제사회에 널리 알리고 국제 재판에 응하지 않는 한국 정부의 부당함을 전 세계에 촉구하는 것이다.

그렇다면 실제로 국제사회는 독도 문제를 어떻게 보고 있을까?

2006년 6월과 2012년 9월 필자는 두 차례 외신 관계자들이 한자리에 모이는 해외특파원협회에 초대받아서 외무성의 현직 관료 및 원로 관계자들과 함께 독도 문제에 대해 논의한 적이 있다.

외무성 관계자는 다양한 자료를 제시하며 "다케시마는 예부터 일본 고유의 영토"라고 홍보했다. 그러나 외신 기자단의 반응은 일본 언론과는 대조적인 모습이었다.

예를 들면 일본 외무성 관료가 "1905년 일본은 다케시마를 정식으로 시마네현에 편입했습니다."라고 주장하면 외신 기자들은 "그렇다면 그때까지는 정식으로 일본의 영토는 아니었다는 것입니까?"라고 반론했다.

그 이야기를 듣던 한국 측이 "그 시기는 외교권을 박탈당한 상태였기 때문에 항의를 할 수 없었습니다."라고 설명하자 적잖은 기자들이 "그렇다면 독도는 식민지 정책의 과정에서 일본의 영토로 편입된 것입니까?"라는 의문을 제기했다.

외무성 관료가 독도 영유권 문제를 식민지 지배의 역사와 별개의 문제로 다루려 할수록 역사 문제를 외면하려는 일본의 모습만 더욱 부각되었다.

2012년 8월 15일. 일본의 종전기념일이자 한국의 광복절이기도 한 이 날 리처드 아미티지(Richard Armitage · 67) 전 미국무부 부장관과 조지프 나이(Joseph Nye) 하버드대학 교수 등을 중심으로 미국의 아시아 전문가들이 미일동맹의 바람직한 모습에 대해서 정리한 보고서를 발표했다.

> "보고서는 중국의 부상과 북한의 핵개발에 대응하기 위해 미일과 한국의 관계 강화의 중요성에 대해 다루었다. 그리고 한미일의 관계 강화의 가장 큰 장벽은 한일 간의 역사 문제라고 밝히고, 일본에 대해 "복잡한 관계가 계속되는 한국과의 역사 문제를 직시하는 것은 불가피하다"라고 지적했다." 아사히신문 2012년 8월 16일

여기서 말하는 '역사문제'에 독도 문제가 포함되었는지는 명확지 않으나, 이 보고서를 읽어보면 적어도 미국

이 일본을 "역사문제를 직시하지 않는 국가"라고 인식한다는 것은 알 수 있다.

한국의 대통령이 독도를 방문하고 한국과 일본에서 독도 영유권과 관련된 대립이 거세지면서, 해외 언론에서 독도의 영유권 문제가 자주 다루어지게 되었다. 미국 언론의 대부분은 위의 보고서와 연동하듯이 독도 영유권과 관련된 한일 간 마찰의 배경에는 '일본의 조선 식민지화'라는 역사문제가 존재한다는 견해이다.

뉴욕타임스는
"일본과 한국의 영토와 관련된 일련의 마찰은 남중국해를 둘러싼 중국과 동남아시아 각국 간의 마찰보다 위험하다."라며, 그 이유로
"남중국해 문제는 천연자원과 관련된 분쟁인데 반해 한일 문제는 수십 년이나 지난 일본의 포학한 지배라는 역사문제"에서 비롯됐다고 설명했다.

The New York Times, 2012. 8. 22

월스트리트 저널은
"독도 문제에 대한 한국 측 대응에 대해서 한국 내 반일 민족주의가 거세지면서 지도부가 영토 문제에서 일본에

소극적인 태도를 보일 수 없게 되었다."고 지적하며, 그 배경에는 역사 문제가 짙게 깔려있기 때문이라고 해설했다.

Wall Street Journal, 2012. 8. 24

그렇다면 유럽은 어떠할까?

독일의 『남독일신문』은
"일본은 모든 이웃 국가와 영토 문제를 안고 있다."라며,
독도와 센카쿠 열도 문제는 "단순히 어업이나 자원과 관련된 분쟁이 아니라, 일본에 의해 20세기 전반 상처받고 아직도 그 상처가 아물지 않은 한국과 중국의 자부심에 관한 분쟁이다."라고 전했다.

「쥐트도이체 차이퉁」(SZ, Süddeutsche Zeitung) 인터넷판

영토분쟁의 배경에 존재하는 역사 문제의 중요성을 지적한 것이다.

DPA(독일 통신사),
"섬의 영유권 관련 분쟁은 전후 67년간, 과거 침략 국가였던 일본과 그 근린 국가(한국과 중국)에 어두운 그림자를 드리우고 있다."

DPA 인터넷판

이러한 해외 언론의 보도를 보면 독도 문제를 역사와

분리하고자 하는 일본의 정책은 그다지 효과가 없을 뿐
아니라 오히려 영토 분쟁으로 인해 "역사를 직시하지 않
는 일본"이라는 이미지만이 부각될 뿐이다. 역사 문제를
직시하면서 일본의 영토 문제의 메시지를 국제사회에 어
떻게 전달하면 좋을지, 일본의 정치가와 관료는 다시 한
번 방안을 모색해야 할 것이다.

Q19. 일본이 한국에 경제적 제재를 가하면 어느 정도 효과가 있을까?

"한일 통화스와프(교환) 협정은 파기되어야 한다."

한일 관계가 극도로 악화하며 일본 국내에는 이러한 여론이 생겨났다. 방송이나 뉴스에서 들은 적도 있겠지만 자세한 내막을 알고 있는 사람은 적을 것이다.

통화스와프란 협정 상대국이 외환위기 등 긴급 상황에 처했을 때 외화를 상호 융통하는 시스템이다. 최근에는 2011년 10월 한일 양국이 1년간의 시한 조치로서 통화교환 규모를 130억 달러에서 700억 달러로 확대하는 데합의했다.

협정 파기를 요구하던 일본인들은 이것이 한국에 대한 경제적 제재가 되리라고 생각한 것이다. 사실상 그런 부분도 있다. 한국 경제는 삼성이나 LG 등 대기업 주도형으로 글로벌 경제 성장을 이루었지만, 그 대가로 한국의 통화인 원화 약세가 계속되어 왔다. 그 때문에 외환위기가 발생하기 쉬운 체질을 갖고 있다. 외환위기로 인해 극단적인 원화 약세가 되면 달러가 부족하기 때문에 통화스와프를 통해 일본에서 달러를 빌려 와서 원화를 안정시키기 위한 환율 개입 등에 사용한다.

실제 2011년 하반기 한국 경제는 '달러 고갈' 및 '채무 상환능력'이 우려되는 사태에 직면하여 스와프 협정을 통해 일본의 지원을 받은 적이 있다. 원래 규모 확대의 시한 조치는 자동 연장될 계획이었지만 독도 문제에 대한 항의 조치로 일본 정부는 연장 중단을 시사했다. 결국 기한 만료 직전에 한일 양국 정부는 "금융시장은 안정되어 있다." 등의 이유로 통화스와프협정의 시한 조치를 중단할 것에 합의, 규모도 기존의 교환 상한액이던 130억 달러로 축소시켰다. 이에 대해 일본 정부는 "순수한 경제·금융면에 근거한 판단"('조지마 고리키'(城島光力) 재무상)으로 관계 악화에 따른 대응 조치는 아니라고 강조했다.

수출산업에 경제적 기반을 둔 한국 경제에 대외 투자는 필수적이다. 대규모의 대외 투자를 위해서는 자국의 원화를 매도하여 외화를 사들여야 한다. 결국 계속되는 원 매도세는 원화 약세를 초래하여 외환위기에 빠질 수 있다. 1997년의 외환위기(IMF 사태)가 바로 그것이었다. 이를 방지하는 역할이 바로 한일 통화스와프협정이었다.

이번 조치가 구체적으로 어떠한 영향을 줄지는 알 수 없지만, 긴급 상황 시 일본에서 융통할 수 있는 달러 규모의 축소는 한국 경제에 타격을 줄 것임이 틀림없다. 단, 명확히 짚고 넘어가야 할 점이 있다. 만약 또다시 한국 경제에 외환위기가 도래한다면 일본도 무사하지는 못할 것이라는 점이다. 아니, 일본만이 아니라 아시아 전체에 파급될 위험성마저 있다.

이번처럼 영토·역사 문제가 한일 양국의 경제발전을 저해한 경우는 과거에도 있었다. 2003년 12월 한일 정부는 더욱 공고한 경제협력관계 구축을 위해 FTA(자유무역협정)협상을 개시했다.

이때 양국은

① 일반규칙과 분쟁해결
② 물자 무역
③ 비관세조치
④ 서비스 무역과 투자
⑤ 정부 조달 및 지적재산권
⑥ 무역투자촉진을 위한 협력

이라는 여섯 분야에서 협의할 것을 약속하고 2005년 내에 합의한다는 목표를 설정했다. 일본과 한국 양측이 중국, 미국에 이은 제3위의 무역상대국이 되며, 한일 간 FTA가 체결되면 인구 규모 면에서 1억 7천만 명, GDP 면에서 5조 달러 규모에 육박함으로써 세계 무역의 10% 가까이 점유하는 거대시장이 탄생하는 것이었다. 이러한 배경에서 한일 정부도 한일 간의 FTA를 '동아시아경제협력의 핵심'으로 인식하고 실현에 의욕을 보였다.

그런데 2004년 11월 제6차 협상을 끝으로 대화는 중단되었다. 이듬해인 2005년 3월 시마네현이 '다케시마의 날' 조례를 제정하면서 한일 관계가 땅에 떨어졌기 때문이다. 이로써 '2005년 내'라는 합의 목표는 순식간에 사라졌고 '세계무역 10% 점유'라는 거대시장의 탄생도 수포로 돌아갔다.

한편, 한국 정부는 좀처럼 진척이 없는 한일 FTA협상을 제쳐놓고 2007년 미국과 FTA를 체결했다. 국내 농업을 중심으로 한 세력의 반대를 무릅쓴 강행처리에 가까운 체결이었다.

| 유럽재정위기가 심각해질 경우 |
| 유럽의 금융기관이 한국에서의 자금을 회수 |
| 원화 급락, 한국 달러 부족, 시장 및 실물경제에 악영향을 미칠 우려 |

중지할 경우 → 사회 안전망 불충분으로 원화급락, 금융위기가 아시아 전체로 확대?

연장할 경우 → 충분한 외화융통을 통해 원 매수의 환율개입을 실시, 원화 폭락 저지

한일통화 스와프 협정의 재고로 예상되는 사례

그때 이미 한국은 EU를 포함한 다수 국가와 FTA를 체결했는데, 미국과의 협정은 한국 경제를 큰 폭으로 성장시켰다. 그때까지는 기술력에 여러 가지 과제가 있어서 필요한 부품 등은 일본 기업에 상당 부분 의존했지만, 미국과의 FTA 체결을 통해 경쟁력에 탄력이 붙어 지금은 한국 국내 자동차 부품 기업은 미국에 제품을 수출하는 수준에 이르렀다. 또한, 대미 FTA의 효과로 한국 정부는 기

존 방식대로 대외 투자를 하지 않아도 한국 기업의 시장 확대가 비교적 용이해지게 되었다. 또한, 점진적이긴 했지만 외환보유고도 증가했다.

현재 한국의 '승부 카드'가 바로 중국과의 FTA 체결이다. 인구 규모 13억 명의 거대시장이다. 이미 한중 정부는 FTA 협상 개시에 합의했으며 관계자는 향후 2년 이내에 합의할 것이라고 전했다.

한국이 중국과의 관계 강화를 단행한 배경의 하나는 외교 정책의 변화가 있었다고 볼 수 있다. 불안정한 정세가 계속되는 북한과 군사적 위협이 증대되는 중국에 대응하기 위해서는 기존의 일본이나 미국 등의 힘에 기대는 것보다 직접 FTA협상을 통해 중국의 핵심부를 공략하는 것이 승산이 빠를 것이라는 계산이었다.

이런저런 상황을 차치하고라도 원래는 동북아시아의 자유무역권 형성이라는 취지에서 한·중·일 3개국에 의한 FTA 준비도 추진되고 있었는데 그 와중에 중국과 한국이 먼저 앞서 나가는 상황이 연출돼버린 것이다.

상황이 이러하니 이는 '명백한 일본 따돌리기'라는 주장이 나오는 것도 무리는 아니다. 영토 문제를 고집하는

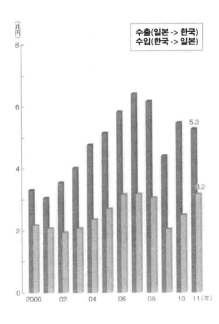

5.3

3.2

한일무역 규모 동향
출전: 재무성 무역통계

일본이 경제 면의 고립마저 초래할 위험성이 더욱 높아지고 있다.

한국이 중국과 FTA를 체결하면 세계 3대 경제권(미국·중국·EU)과 모두 FTA를 체결한 유일한 아시아 국가가 된다. 한편, 일본은 국내에서 쌀시장 자유화를 반대하는 목소리가 강해 지금까지 국민적 합의도 도출하지 못한 상태이다. 참고로 선진국에서 수산 자원의 수입할당제를 실시하는 것은 일본뿐이다. 일본정부는 FTA 전략을 내세우지만 현 상황을 보는 한 구호만인 전략으로 끝날 것이다.

또한, TPP(환태평양경제동반자협정)도 일본의 중요한 정치적 과제이지만 실현 가능성이 희박하다는 것이 지배적인 견해이다. 일본에는 FTA나 TPP의 장점이 거의 없다고 생각하는 사람이 대다수이다. 물론 단점도 있을 것이다. 그러나 경쟁 촉진에 따른 국내 경제의 활성화나 생산성 향상에 따른 효과는 결점을 보완해준다.

'잃어버린 20년'에서 아직 벗어나지 못하는 일본이기에 더욱더 글로벌 경쟁에 나서야 한다고 본다.

FTA 협상 개시에 앞서 한일 정부가 공동 연구를 시작한 것은 2002년이었다. 10년 이상이나 전부터 서로 경제협력관계 구축을 모색한 것이다. 만일 한일 간에 FTA가 체결되었더라면 지금과는 상당히 다른 관계가 형성되었을지도 모른다. EU를 보면 알 수 있듯이, 자유무역협정에는 협정국 간의 지역 분쟁이나 정치적 알력 싸움의 경감, 지역 간 신뢰관계 성숙 등 정치적인 장점이 있다. 적어도 경제 제재 등이라는 쓸데없는 말이 오가는 관계로는 번지지 않았을 것이다.

Q20. 한국의 새로운 대통령은
일본과 어떤 관계를 맺고 싶어 할까?

2012년 12월 한국은 대선을 통해 새로운 정권이 탄생한다. 새로운 대통령은 한일 관계를 개선시킬 수 있을까?

대통령 후보자 중 가장 유력한 후보는 박정희 전 대통령의 장녀 박근혜 후보이다. 사상 첫 여성 대통령의 탄생이 될지도 모르는 그녀가 여당 새누리당 후보로 선출된 것은 2012년 8월이었다. 당원 투표와 여론 조사 결과를 조합한 당내 경선에서 84%의 압승으로 대선 후보에 당선되며 다시 한 번 높은 지지율을 선보였다.

5년 전 당내 경선에서 이명박 대통령에게 뒤진 박근혜 후보는 그 후 당내를 수습하며 그녀만의 수완을 보여주었다. 당명을 한나라당에서 새누리당으로 변경하는 등 대담한 개혁을 단행, 그 업적을 높이 평가받아 2012년 4월에 실시된 총선거에서 승리를 이끌며 당내 기반 다지기에 나섰다.

1998년 국회의원 선거에서 첫 당선한 박근혜 후보는 좋든 싫든 박정희 전 대통령의 장녀라는 십자가를 지고 살아왔다.

박정희 전 대통령은 1961년 군사 쿠데타로 정권을 장악했고 일본의 경제 지원을 받아들여 한국의 고도성장을 실현했다. 그것은 '한강의 기적'이라 불릴 정도의 급속한 성장세로, 한국은 일약 'NIES'(신흥공업경제국)으로 발돋움했다. 반면 박 전 대통령은 반대 세력에 대한 탄압을 계속해 민주주의를 후퇴시킨 독재자라는 평가도 받는다.

그러한 아버지를 둔 박근혜 후보는 경제 기반을 구축한 위대한 지도자의 딸이라는 높은 평가와 민주주의를 탄압한 독재자의 딸이라는 비난을 동시에 받는다.

어느 정치 토론회에서 박 후보는 아버지가 군사 쿠데타로 권력을 장악한 사건을 역사적으로 어떻게 평가하느냐는 질문을 받은 적이 있다.

그때, "아버지는 어쩔 수 없는 최선의 선택을 한 것이라 생각한다. 또한 5.16쿠데타를 통해 오늘날 한국의 기반을 구축했다."라고 답했다. 이 답변을 들은 한국 언론은 "군사 쿠데타를 정당화했다."라고 격렬히 비판했다.

또한, 식민지 시대에 일본 육군사관학교를 졸업하고 구 일본군 장교로서 2차 세계대전에 참전한 아버지의 경력 또한 박근혜 후보에게 불리한 요소이다. 노무현 정권 당시 일본의 식민지 지배에 협력한 '친일파'의 책임을 묻는 사람들로부터 지도자로서 그녀의 출신이 적합하지 않다는 문제 제기도 있었다. 즉 "구 일본군 장교의 딸이 한국 대통령이 되어도 좋은가?"라는 지적이었다.

특히 이명박 대통령의 독도 방문은 '친일파' 아버지를 둔 그녀에게는 불편한 사안이었다. 아버지 박정희 전 대통령은 일본과의 사이에서 독도 영토 분쟁을 사실상 보류한다는 '독도 밀약' 체결을 승인한 당사자이다. 이를 통해 국교 정상화를 실현한 한일 정부는 그 후에도 영토 문제를 분쟁화하지 않겠다는 '밀약'을 계승해왔다.

이 때문에 한국은 독도를 실효 지배하면서도 '대통령 방문'까지는 단행하지 않았다. 그 대신 일본도 섬의 영유권 문제를 "국제사법재판소에 제소하지 않는다."라는 암묵적 양해로 충돌을 피해왔다. 그런데 이명박 대통령의 방문으로 이러한 한일 관계의 미묘한 균형이 깨진 것이다.

이번 대선은 독도 문제로 향방이 불투명한 대일 정책뿐 아니라 차기 대통령의 독도 방문 여부까지 쟁점으로 떠오르고 있다.

차기 리더가 다시 독도를 방문한다면 한일 관계는 더욱 침체될 것이며 양국의 경제협력 관계에도 악영향을 미칠 것이다. 즉 아버지가 구축한 한일 간의 경제협력이라는 귀중한 자산을 잃을 수도 있다. 박근혜 후보는 자신이 짊어지고 있는 '친일파'라는 아버지의 오명을 씻고자 할수록 영토 문제와 한일 관계라는 딜레마에 빠지게 될 우려가 있다.

그러한 그녀에게 영토 문제에 대한 비책이 있을까? 기자회견에서 일본에 대한 대응책을 질문받은 박근혜 후보는 "간단한 방법이 있다."라며 다음과 같이 밝혔다.

"독도는 한국의 영토이므로 이를 일본이 인정하면 된다. 우리는 일본이 올바른 역사 인식을 갖도록 촉구하는 노력을 계속할 것이다."

이미 밝힌 바와 같이 1905년 시마네현의 독도 편입이 일본의 한반도 침략의 첫걸음이라는 것이 한국의 입장이다. 이에 대해 일본 정부는 과거 일관되게 독도의 영유권과 역사 문제를 분리해서 다루어왔다.

박근혜 후보가 새로운 대통령으로서 일본 정부에 대해 올바른 역사 인식을 갖도록 요구하면 할수록 일본 측의 반발은 강해질 것이다. 박 후보가 말하는 바와 같이 간단한 일은 아니다.

군대 위안부 문제 역시 한일 간 협상에서 전혀 진전이 없으며 단호하고 치열한 공방전만이 계속돼왔다. 2011년 한국헌법재판소의 판결을 통해 한국 정부는 태만을 지적당한 이상, 신정권은 이 문제에서도 일본에 한 치도 양보할 수 없는 입장이다. 박근혜 후보는 일본정부에 강경자세로 일관할 수밖에 없을 것이다.

새로운 정권 출범 후 한일 관계는 어떻게 변모할 것인가?
박근혜 후보가 예상대로 새로운 대통령이 된다면 한일 관계가 개선될 수 있을 것인가에 대해 지적하는 목소리도 있다. 이는 필시 그녀가 일본과 우호관계를 구축한 아버지를 계승하는 기대주로 여겨지고 있기 때문일 것이다.

그러나 독도 영토문제나 군대 위안부 문제와 관련해서 일본에 대해 어떠한 양보도 허용하지 않는 분위기가 한국 내에 확산되어 있는 현시점에서 박 후보는 과연 어디까지 '지일파'인 자신의 강점을 전면에 내세울 수 있을까?

특히 군대 위안부 문제는 피해자와 같은 여성의 입장이므로 국민들은 역대 대통령들 이상의 강경자세를 요구할 수도 있다. 또한, 일본의 차기 리더로 지목된 아베 신조의 역사관도 심각한 불안 요소이다.

아베 신조가 군대 위안부가 일본군에 의한 강제 연행이라는 점을 사실상 인정한 '고노 담화'의 수정 등을 요구한다면 이는 반드시 새로운 분쟁의 불씨가 되어 한일 관계를 더욱 악화시킬 것이다.

금세기 한국과 일본의 경제는 긴밀한 관계이다. 또한, 한류와 일류라는 문화교류의 저변도 유례없이 큰 폭으로 확대되었다.

중요한 것은 한일 양국에 어떠한 정권이 탄생하든 영토나 역사 문제의 갈등이 지금껏 성장해온 경제와 문화교류의 저해 요인이 되어서는 안 된다는 점이다. 이를 위해서는 앞으로도 변함없이 서로 이용할 수 있는 경제, 문화 등 실생활 면의 호혜관계를 긴밀히 구축해야 할 것이다.

한일 관계가 침체된 지금이야말로 양국의 관계를 더욱 성숙시킬 수 있는 좋은 기회이다. '전화위복'이라는 말이 우리에게 실현되기를 진심으로 기원한다.

Special 한국과 일본, 친구가 될 수 있을까?

일본은 보수파인 아베 정권, 한국 역시 보수파인 박근혜 대통령이 집권했다. 그런데 한일 간에는 여전히 역사교과서를 비롯해 총리의 야스쿠니신사 참배, 독도 영유권, 군대 위안부 보상 문제 등 해결되지 않은 현안이 산적해 있다.

향후 한국과 일본의 두 보수파 정상은 이 상황들을 어떻게 타개해 갈 것인가?

전문가들은 앞으로의 한일 관계를 우려한다. 영토문제와 위안부 문제에 강경자세인 아베 정권에 대해 박근혜 대통령은 조금도 양보하지 않겠다는 자세이다. 이대로라면 양국은 또다시 영토와 역사 인식을 두고 끊임없이 대립할 것이다.

아베 총리는 전 총리 재임 당시(2006~2007년) 야스쿠니신사를 참배하겠다는 약속을 봉인하고 한중과의 관계를 회복시킨 실적이 있다. 그는 이번에도 경색된 한일·한중 관계를 의식해 선거 공약인 '총리의 야스쿠니신사 참배', '근린제국조항 재수정', '정부 주최 '다케시마의 날' 제정' 등 한국과 중국을 자극하는 정책은 자제하겠다는 의지를 내비쳤다. 박근혜 대통령도 이러한 일본 측의 대응을 보며 독도 방문에는 신중한 자세를 보일 것이다.

영토문제 등 한일 간의 까다로운 숙제는 이명박 대통령의 독도 방문으로 불거진 군대 위안부 문제에 대한 대응이다. 이미 논한 바와 같이 이명박 대통령은 한국의 대법원 판결을 받고 일본의 노다 총리에게 위안부 문제의 해결을 촉구했으나, 민주당 정권은 이 문제는 한일기본조약을 통해 이미 해결되었다며 응하지 않았다. 그렇다면 일본의 아베 정권은 어떠할까?

아베 총리는 지금까지 군대위안부 문제에 대해 '협의의 강제성'을 부정하고 '고노담화'의 수정을 제안해왔지만, 만약 아베 정권이 향후 '고노담화' 재수정에 착수하는 '전문위원회'라도 결성한다면 한국 내에서 새로운 반발이 생겨나 한일 관계는 더욱 악화될 것이다.

걱정스러운 점은 한일 양국에 이러한 관계악화를 경

시하는 여론이 존재한다는 것이다. 사실 예전에 비해 대외적으로 한국에 대한 일본의 영향력은 약해졌고, 양국 모두 서로가 미국이나 중국만큼 비중 있는 국가는 아니라고 체감할 수도 있다.

현실적으로 양국에 중요한 나라는 군사적 동맹국인 미국과 경제적 의존국인 중국이다. 그렇기에 미국중국과 균형 있는 외교 전개만 추진한다면 한일관계가 다소 악화돼도 별 상관없다고 판단할 수도 있다. 그러나 이는 '미래지향적인 한일관계'와는 거리가 먼 발상이다.

한일은 함께 미국과 중국의 틈바구니에서 살아가야 하는 운명이다. 영토 문제와 경제 면에서 상호 깊은 의존관계에 있는 중국을 포함하여 FTA를 염두에 둔 한중일의 삼국관계를 어떻게 구축해갈 것인가? 또한, 지금까지의 북한 핵개발 위협에 대비하여 안보 면의 한미일 삼각구도를 어떻게 강화할 것인가?

한일 정부는 아시아를 무대로 한 미국과 중국의 주도권 싸움에서 한일 관계의 바람직한 방향성 모색을 위한 궤도 수정이 필요하다.

2012년 11월 한중일 3개국은 캄보디아의 수도 프놈펜에서 아세안+3(한중일) 정상회의를 개최하고 3개국 간의 FTA 체결을 위해 협상할 것에 합의했다. 앞서 지적한 바와 같이 한중일이 FTA를 체결하면 세계의 GDP와 무역에서 약 20%, 동아시아에서는 70%를 차지하는 거대 자유무역권이 탄생한다. 3개국 간 관세가 인하 혹은 철폐된다면 제조업을 중심으로 한중일 기업의 3자 간 수출입은 더욱 활성화될 것이며, 이는 곧 아시아의 지속적인 경제성장을 이끌 강력한 엔진이 될 것이다.

그럼에도 불구하고 일본이 중국뿐 아니라 한국과도 역사 및 영토 문제에서 정치적 충돌을 반복한다면 3개국 간의 FTA 협상은 파국에 이를 것이다. 중국 정부는 '동북아 지역에서 경제를 정치 문제와 분리하여 성장시킬 것'이라며 정계분리의 원칙을 제시했는데, 한일 정부도 정계분리를 통해 경제적 상호 의존 관계를 유지해갈 수 있는 노력이 필요하다.

미국의 학자들과 미래의 바람직한 미일관계에 대해 논하면, 그들은 입을 모아 중국의 부상과 북한 핵개발 위협에 대처하려면 한미일의 관계 강화는 필수라고 단언한다. 또한, 한미일 연계 강화의 가장 큰 걸림돌은 '한일 간 역사인식의 차이'라며 일본이 역사 문제를 직시해야 한다고 지적한다.

미국인이 일본을 '역사 문제를 외면하는 국가'라는 견해를 갖는 배경에는 군대 위안부 문제에 대한 일본 정부의 무성의한 대응을 꼽을 수 있다. 한국 측도 군대 위안부 문제에서 일본과 한발 다가설 수 있는 방법에 대해 아베 정권과 냉정히 논해야 할 것이다. 양국 정부가 위안부 문제 대응에서 실패한다면 한일 관계뿐 아니라 한미일 삼국의 안보협력 관계를 불안정하게 할 수도 있다는 점을 명심해야 한다.

한일 신정권은 서로의 역사 해석만을 고집할 것이 아니라 열린 마음으로 다시 한 번 역사에 대해 대화하길 기대해본다.

꽁꽁 얼어붙은 한일 관계, 지금이야말로 양국 관계를 성숙시킬 찬스라고 생각한다. '전화위복'이라는 말이 있지 않은가? 옛말을 믿어보려 한다.

한국인과 일본인의
허세와 속내

한일 양국의 공통된 '고민거리' 하면 역시 북한 문제이다. 예측 불가능한 이 나라에서 지금 집권층과 군부 세력 간의 치열한 권력 쟁탈전이 벌어지고 있다고 한다.

김정일의 사망 후 그의 삼남인 김정은이 후계자로 취임한 후부터 군의 실질적인 수장이던 두 인물이 갑자기 해임되었다. 조선노동당 중앙군사위원회의 김영춘과 군 총참모장인 이영호가 숙청의 대상이었다. 두 인물은 조선인민군을 지도해온 실질적인 최고 권력자였다. 김정일의 후계자가 된 김정은은 로열패밀리(김씨 왕조)의 일원인 김경희(당 서기)와 장성택(국방위 부위원장)의 지도하에 중국식 '개혁·개방'을 추진하기 위해 당의 지도에 따르지 않는 두 명의 군 지도자의 숙청을 단행했다.

실제로 이 숙청사건 이후 북한에서는 농업 개혁을 중심으로 한 경제 개혁(신경제관리개선조치)을 실시하려는 움직임이 보였다. 일부 농촌에서는 과거 중국과 같이 수확물 일부를 시장에서 자유롭게 판매하고 농가가 잉여 생산물을 자유롭게 처분할 수 있게 되었다는 보도도 있다. 김정은이 지도자가 된 후부터 수많은 일본 언론을 받아들여 평양과 일부 지방 도시의 발전된 모습을 공개하고 '개혁·개방'을 강조하려는 의도가 엿보였다. 여성의 복장에 엄격했던 북한에서 김정은의 부인이 굽 높은 구두와 미니스커트 차림으로 등장한 영상에도 놀랐지만, 평양 사람들이 휴대폰으로 즐겁게 대화하는 모습이나 그들이 유원지나 돌고래 쇼를 즐기는 풍경은 기존의 북한 풍경과는 사뭇 다르다.

그러나 김정은 신체제가 '개혁·개방'을 단행하는 인상을 보였다고 해서 그들이 핵과 미사일 제조를 중지한 것은 아니다.

2012년 8월 북한의 외무성은

"미국이 올바른 선택을 할 수 없을 경우, 핵보유는 장기화될 수밖에 없으며 핵 억지력은 미국이 상상할 수 없을 정

도로 현대화될 것이다." 아사히신문 2012년 10월 20일자

라는 성명을 발표하고 비핵화 내용을 포함한 미국, 한국, 북한, 중국, 러시아, 일본으로 구성된 '6자회담' 공동 성명의 파기 가능성을 시사했다. 북한의 군 내부에서는 신체제의 '개혁·개방' 정책에 반대하는 세력도 있기 때문에 향후 미국이나 한국에서 북한에 대해 강경 자세를 보이는 정권이 탄생할 경우 북한 군부의 폭주라는 시나리오도 생각해볼 수 있다. 지금도 이러한 북한의 위협이 계속되는 가운데 다케시마·독도의 영유권과 관련해 한일 양국이 대립하여 경제 협력뿐 아니라 안보 협력까지 폐해가 생기는 것은 양국에 바람직한 일이 아니다.

1965년 국교 정상화 협상에서 한일은 「다케시마·독도 밀약」을 맺었고, 섬의 영유권 문제를 유보함으로써 경제적 실리를 얻었다. 한국은 일본으로부터 총 8억 달러 이상의 청구권 자금을, 일본은 이승만라인을 철폐시키고 독도 주변의 어업권을 각각 획득했다. 지금 한일 양국은 동밀약의 원점으로 돌아가 양국이 경제·안보 협력을 하면서 「다케시마·독도」의 존재가 걸림돌이 되지 않는 규범 마련을 어떻게 할 것인지, 영토 문제에 대한 타협안을 제

시할 새로운 지혜를 짜내야 할 것이다.

이 책에 수록한 논고는 최신 한일 정세에 입각하여 새로이 작성한 것이지만, 내가 교편을 잡고 있는 오사카 시립대학에서 해왔던 강의와 해외 특파원 협회에서 강연(2012년 8월)했던 내용이 주를 이루고 있다.

동 협회의 강연을 듣고 이 책을 기획해준 기하라 신지(木原進治·고단샤)님과 강의와 강연의 논점을 정리해준 아라이 쇼고(新井省吾)님 두 분의 우정에 진심으로 감사드리는 바이다. 두 분의 노력이 있었기에 이 책을 완성할 수 있었다.

마지막으로 이 책을 나의 아버지 박헌행님께 바치고자 한다. 아버지는 언제나 내 책의 최초의 독자였으며 엄격한 비판을 해주는 최고의 독자였다. 일본에 건너온 지 무려 80년간 오로지 한국과 일본의 화해와 우정만을 염원해온 아버지의 바람을 조금이라도 이 책에 담을 수 있다면 더할 나위 없이 기쁠 것이다.

2012년 가을

박 일

한일 관계 백년의 역사연표

1910년	8월	일본 '한일병합' 조약 조인
	9월	조선에서 토지조사사업 개시
1919년	3월	조선 전 지역에서 독립운동이 격화 (3.1 운동 확산)
1923년	9월	간토(관동)대지진(關東大地震)에서 많은 조선인 학살
1940년	2월	조선인에 대한 '창씨개명' 실시
1942년	2월	「관알선」(官斡旋)을 통해 일본으로 조선인 노동자 동원개시
	5월	조선인에 대한 징병제 도입을 각의결정
1944년	2월	「징용」을 통해 일본으로 조선인 노동자 동원개시
1945년	8월	일본, 포츠담선언 수락, 조선은 일본의 식민지 지배에서 해방, 조선건국 준비위원회 설립
	9월	일본은 항복문서에 조인, 맥아더 원수는 조선분할점령안을 발표, 미국 군 사령부는 남조선에 군정포고
	10월	미국에서 이승만 귀국
1946년	2월	조선독립에 관한 미소공동위원회 설치, 남조선에서 대한독립촉성국민회 결성
1948년	8월	대한민국 수립. 이승만 대통령이 초대 대통령으로 취임
1949년	1월	한국 정부가 주일대표부를 설치
	2월	한국 정부 대일배상조사심의회 설치
	11월	한국 정부는 일본기업이 한국에 남긴 귀속재산처리법 통과
1950년	1월	애치슨 미국무장관 "한국은 태평양 방위라인 밖" 표명
	6월	한국전쟁 발발
	11월	한일 간 무역청산협정 발효
1951년	10월	한일예비회담
1952년	1월	한국의 이승만 대통령은 해양주권선언을 발표하고 이승만라인을 설정
	2월	제1차 한일회담 개최
	4월	샌프란시스코강화조약에 따라 일본은 독립을 회복
	5월	미국 국무부는 일본의 재한(在韓) 재산청구권은 무효라는 각서를 발표
	10월	한국은 이승만라인에 따라 해양침범 단속령을 공포
1953년	10월	구보다(久保田) 발언으로 인해 제3차 한일회담이 결렬

	11월	한국은 일본대표부 설치를 거부
1954년	1월	한국은 독도 영유권을 표명
	10월	한국은 독도 영유권과 관련, 국제사법재판소 제소하자는 일본의 제안을 거부
1958년	4월	제4차 한일회담 개최
1959년	8월	한일적십자는 재일조선인의 귀환협정에 조인, 재일조선인의 북송운동 시작, 일본의 민단(재일본대한민국민단)은 반대운동을 전개
1961년	2월	한국은 대일무역제도를 철폐, 한국국회는 대일회복 4원칙을 결의
	7월	박정희, 국가 최고회의의장에 취임, 박 의장은 기자회견에서 일본과의 관계를 연내에 해결하겠다는 의사를 표명
1962년	9월	박정희 의장은 국민의 비난을 각오하더라도 '한일 타결'할 것을 표명
	11월	김종필 당시 중앙정보부장의 일본 방문, 오히라 외무대신 간에 청구권 문제에 관한 경제협력 방식(김종필·오히라 메모)에 합의
1963년	12월	박정희 대통령 취임
1964년	3월	서울에서 한일회담 항의대회 개최
	6월	전국적으로 한일회담 반대시위가 격화
1964년	12월	제7차(최종) 한일회담 개최
1965년	6월	한일기본조약 조인
	9월	한국은 일본의 재외사무소 설치를 허가
1967년	7월	사토 에이사쿠(佐藤栄作)와 박정희 대통령 정상회담 개최
1969년	4월	한국은 일본으로부터 한국 개발원조비 3억 8천만 달러를 받았음을 표명
1970년	6월	일본 기업, 한국의 군산자유무역지역에 진출 개시
1971년	4월	대통령 선거에서 박정희 대통령이 김대중(전 대통령)을 제치고 3선에 성공
1973년	8월	도쿄의 호텔에서 한국중앙정보부에 의한 김대중 납치사건 발생
1974년	8월	한국에서 박 대통령 피격사건이 발생했고 영부인이 사망. 재일교포 문세광이 대통령 피격사건의 용의자로 체포되어 사형 판결을 받음.
1979년	10월	박정희 대통령 암살 사건 발생
1980년	5월	한국에서 군사 쿠데타 발생, 전남 광주에서 민주화 항쟁 발발
	9월	전두환 대통령 취임

1982년	8월	제1차 교과서문제 발발. 일본의 중학교·고등학교의 교과서 기술에 대해서 한국과 중국이 항의. 일본 정부는 역사 교과서 검정 기준에 '근린제국 조항'을 마련
1984년	9월	전두환 대통령 방일. 쇼와 일왕은 한일 간의 '불행한 과거는 유감'이라고 사죄
1985년	8월	나카소네 총리의 야스쿠니신사 공식 참배. 한국은 일본 총리의 야스쿠니 참배에 반발
1986년	9월	후지오 마사유키(藤尾正行) 문부상이 "한국병합은 한국에도 책임 있다"고 발언하여 파문
1987년	6월	노태우 민주화 선언
1988년	2월	노태우 대통령 취임
1988년	9월	서울에서 올림픽 개최
1989년	1월	쇼와 일왕 사망
1990년	5월	노태우 대통령 방일, 궁내청의 만찬회에서 일왕이 "통절한 뜻"을 표명
1991년	9월	한국과 북한의 유엔 동시가입
	12월	한국의 전 군대 위안부들이 처음으로 일본 정부에 대해 사죄와 보상을 요구
1992년	1월	미야자와 총리는 위안부 문제에 대해 한국에 사죄
	12월	한국인 전 위안부가 야마구치 지방법원 시모노세키 지부에 제소
1993년	2월	김영삼 대통령 취임
	8월	일본 정부가 구 일본군 위안부 문제를 조사하고 '고노 담화'를 발표, 공식 사죄. 호소가와 총리는 침략 행위 및 식민지 지배에 대해 '반성과 사좌'를 표명
1995년	7월	무라야마 정권은 위안부 문제에 대응하기 위해 '여성을 위한 아시아평화 국민기금' 설립
	8월	전후 50년, 일본 정부는 '무라야마 담화' 발표
1996년	10월	한국은 OECD(경제협력개발기구)에 가입
1997년	1월	'새로운 역사교과서를 만드는 모임' 발족 '아시아여성기금'이 한국의 전 위안부 7명에 위로금 지급 '새역모' 대표, 문부과학성에 교과서의 '위안부' 기술 삭제를 요구
1998년	2월	김대중 대통령 취임
	4월	야마구치 지방법원 시모노세키 지부는 '입법부작위에 따른 정신적 손해 배상으로 전 군대 위안부에 대해 각 30만 엔의 배상금 지불을 판결함.

	10월	김대중 대통령이 방일. '한일공동선언'에 조인
		한국이 일본 문화의 단계적 개방을 표명
	11월	한일이 신어업협정에 조인
2001년	5월	한국 정부는 '새역모'의 역사교과서 중 35항목의 수정을 요구
	7월	문부과학성은 한국의 수정요구를 거부, 한국 정부는 교과서 문제의 대응 조치로서 일본 문화 개방을 중단 조치
	10월	고이즈미 총리 방한
		한일정상회담에서 한일역사공동연구에 합의
2002년	5월	2002 한일 월드컵 공동개최 개막
2003년	2월	노무현 대통령 취임
	6월	한일정상회담 공동성명 발표
2004년	12월	한일정상회담 개최
2005년	3월	'한일역사 공동연구' 제6차 전체회의 개최
		시마네현 의회가 2월 22일을 '다케시마의 날'로 제정하는 조례를 각의 결정했고 한국 정부는 반발
2008년	2월	이명박 대통령 취임
	7월	일본의 문부과학성이 중학교 학습지도요령 해설서에 처음으로 '다케시마'에 대해서 기술
		한국 측은 반발했고 주일대사가 일시 귀국
2010년	8월	간 나오토 총리는 식민지 지배에 대한 반성과 사죄를 표명하는 담화를 발표
2011년	12월	이명박 대통령 일본 방문
		교토에서 한일정상회담 개최,
		이 대통령은 노다 총리에게 위안부 문제의 해결을 촉구
2012년	8월	이명박 대통령 독도 방문
		일본이 독도 문제와 관련, 국제사법재판소(ICJ)에 공동 제소할 것을 한국 측에 제안. 한국은 이를 거부

◉ 아라이 신이치, 『역사화해는 가능한가? 동아시아 역사문제의
해법을 찾아서』(歴史和解は可能か - 東アジアでの対話を求め
て, 이와나미 신서, 2006)

◉ 이시자카 고이치 외, 『동아시아 교착하는 내셔널리즘』(東アジ
ア・交錯するナショナリズム, 사회평론사, 2005)

◉ 다나카 히로시, 이타가키 류타, 『일한, 새로운 시작을 위한 20
장』(日韓 新たな始まりのための 20 章, 이와나미 서점, 2007)

◉ 우에노 치즈코, 『내셔널리즘과 젠더』(ナショナリズムとジェ
ンダー, 세이도사, 1998)

◉ 우치다 마사토시, 『'전후 보상'을 생각하다』(「戦後補償」を考え
る, 고단샤 겐다이신서, 1994)

◉ 우쓰미 아이코, 『전후 보상에서 생각할 수 있는 일본과 아시아』
(戦後補償から考える日本とアジア, 야마가와 출판사, 2002)

⊙ 운노 후쿠주, 『한국병합』(이와나미 신서, 1995)

⊙ 오타 오사무, 『한일협상 청구권 문제의 연구』(日韓交涉請求権問題の研究, 크레인, 2003)

⊙ 오누마 야쓰아키, 『위안무 문제는 무엇이었는가/ 미디어 NGO・정부의 공죄』(「慰安婦」問題とは何だったのか—メディア・NGO・政府の功罪, 주코신서, 2007)

⊙ 오구라 기조, 『역사인식을 극복하다. 한일중의 대화를 방해하는 것은 무엇인가?』(歴史認識を乗り越える 日中韓の対話を阻むものは何か, 고단샤 겐다이신서, 2005)

⊙ 강성, 「영토 내셔널리즘을 어떻게 극복할 것인가?」(領土ナショナリズムをどう乗り越えるか, 『세계』2013년 11월호, 이와나미서점)

⊙ 김동조, 『한일의 화해-한일교섭 14년의 기록』(사이마루 출판회, 1993)

⊙ 김영호, 『한일관계와 한국의 대일행동 국가의 정통성과 사회의 '기억'』(日韓関係と韓国の対日行動—国家の正統性と社会の「記憶」, 사이류사, 2008)

⊙ 기미야 다다시, 『한국—민주화와 경제발전의 다이너미즘』(韓国—民主化と経済発展のダイナミズム, 지쿠마 신서, 2003)

◉ 기무라 간, 『한반도 어떻게 볼 것인가?』(슈에이샤 신서, 2004)

◉ 기무라 간, 『근대 한국의 내셔널리즘』(近代韓国のナショナリズム, 나가나시야 출판, 2009)

◉ 구로다 가쓰히로, 『한국인의 역사관』(韓国人の歴史観, 분슌신서, 1999)

◉ 고케쓰 아쓰시, 『침략전쟁—역사사실과 역사인식』(侵略戦争―歴史事実と歴史認識, 지쿠마 신서, 1999)

◉ 고바야시 요시노리, 『이른바 A급 전범』(いわゆるA級戦犯, 겐토샤, 2006)

◉ 고하리 스스무, 『한국인은 이렇게 생각한다』(韓国人は、こう考えている, 신초신서, 2004)

◉ 사쿠라이 요시코, 조갑제 외, 「다케시마는 절대적으로 우리의 영토이다」(竹島は絶対我々の領土だ, 『문예춘추』, 2005년 8월호)

◉ 사토 마사루, 『다케시마・센카쿠 속과 겉』(竹島・尖閣の表裏, 『문예춘추』, 2012년 10월호)

◉ 시모조 마사오, 『다케시마는 한일 어느 쪽의 것인가?』(竹島は日韓どちらのものか, 분슌신서, 2004)

◉ 스즈키 유코, 『페미니즘과 조선』(フェミニズムと朝鮮, 메이세키 서점, 1994)

◉ 다카기 겐이치, 『전후보상의 논리, 피해자의 목소리를 어떻게 들을 것인가?』(戦後補償の論理　被害者の声をどう聞くか, 렌가쇼보신사, 1994)

◉ 다카사키 소지, 『검증 한일회담』(検証日韓会談, 이와나미 신서, 1996)

◉ 다나카 노부마사, 『야스쿠니의 전후사』(靖国の戦後史, 이와나미 신쇼, 2002)

◉ 최기호, 『한일병합-한민족을 구한 '일제 36년'의 진실』(日韓併合-韓民族を救った「日帝36年」の真実, 쇼덴사, 2007)

◉ 지동욱, 『한국 대통령 열전, 권력자의 영화와 전락』(韓国大統領列伝 権力者の栄華と転落, 주코신서, 2002)

◉ 지동욱, 『한국의 족벌·군벌·재벌-지배집단의 정치역학을 해석하다』(韓国の族閥·軍閥·財閥-支配集団の政治力学を解く, 주코신서, 1997)

◉ 정대균, 『한일의 패럴렐리즘-서로를 새롭게 조망할 수 있을까?』(日韓のパラレリズム-新しい眺め合いは可能か, 산코샤, 1992)

◉ 정대균,『재일한국인의 종언』(在日韓国人の終焉, 문춘신서, 2001)

◉ 정대균,『한국 내셔널리즘의 불행』(韓国ナショナリズムの不幸, 이와나미 겐다이문고, 2003)

◉ 도고 가즈히코,『'무라야마 담화' 재고, 명예로운 역사인식의 구축을 위해』(「村山談話」再考:名誉ある歴史認識の構築のために,『세카이』, 2012년 9월호)

◉ 호사카 아사야스, 도고 가즈히코,『일본의 영토문제, 북방사도, 다케시마, 센카쿠 열도』(日本の領土問題 北方四島、竹島、尖閣諸島, 角川 one 테마21, 2012)

◉ 도노무라 마사루,『조선인 강제연행』(朝鮮人強制連行, 이와나미 신서, 2012)

◉ 나이토 세이추,『다케시마=독도문제입문-일본외무성「다케시마(竹島)비판」』(신간사, 2008)

◉ 나이토 세이추·김병렬,『역사적 검증 다케시마·독도』(이와나미 서점, 2007)

◉ 나이토 세이추·박병섭,『다케시마=독도 논쟁』(신간사, 2007)

◉ 니시오카 쓰토무,『한일 오해의 심연』(日韓誤解の深淵, 아키서보, 1992)

⦿ 니시오 간지, 『역사 교과서와의 15년 전쟁 - '침략 · 진출'부터
'위안부' 문제까지』歷史教科書との15年戰爭―「侵略 · 進出」から
「慰安婦」問題まで, PHP연구소, 1997)

⦿ 니시나리타 유타카, 『노동력 동원과 강제 연행』(労働力動員と
強制連行, 야마가와 출판사, 2009)

⦿ 일본 전쟁책임 자료센터 편, 『내셔널리즘과 '위안부' 문제 심포
지엄』(아오키 서점, 1998)

⦿ 한중일 3국 공통역사교재위원회 공동편집, 『미래를 여는 역사,
동아시아 3국의 근현대사』未来をひらく歴史, 東アジア3国の
近現代史, 고분켄, 2005)

⦿ 박일, 『한반도를 보는 눈-'친일과 반일' '친미와 반미'의 구도』
(朝鮮半島を見る眼―「親日と反日」「親米と反米」の構図, 후지와
라 서점, 2005)

⦿ 박일 외, 『'만화 혐한류'의 이것이 거짓』(『マンガ嫌韓流』のここ
がデタラメ, 코몬즈, 2006)

⦿ 박유하, 『화해를 위한 교과서, 위안부, 야스쿠니, 독도』(和解の
ために 教科書、慰安婦、靖国、独島, 해본사, 2006)

⦿ 후지오카 노부카쓰, 『오욕의 근현대사, 지금이 극복해야할 때』
(汚辱の近現代史―いま、克服のとき, 도쿠마 서점, 1996)

◉ 후지오카 노부카쓰, 『'자학사관'의 병리』(「自虐史観」の病理, 문예춘추, 1997)

◉ 후나바시 요이치, 『지금 역사문제를 어떻게 다루어갈 것인가?』(いま、歴史問題にどう取り組むか, 이와나미 서점, 2001)

◉ 변진일, 『'김정은의 북한'과 일본, 북한을 끌어들인다는 발상』(金正恩の北朝鮮と日本、北を取り込むという発想, 쇼각칸 101 신서, 2012)

◉ 베사쓰 다카라지마 편집부, 『'중국·한국의 역사교과서'에 기술된 일본』(「中国·韓国の歴史教科書」に書かれた日本, 다카라지마사, 2005)

◉ 마쓰모토 겐이치, 『한중일의 내셔널리즘, 동아시아공동체로의 길』(日·中·韓のナショナリズム―東アジア共同体への道, 제3문명사, 2006)

◉ 야스다 고이치, 『인터넷과 애국 재특회의 '어둠'을 쫓아서』(ネットと愛国在特会の「闇」を追いかけて, 고단샤, 2012)

◉ 야마노 샤린, 『만화 혐한류』(マンガ 嫌韓流, 신유샤, 2005)

◉ 야마모토 시치헤이, 『홍사익 중장의 처형』(洪思翊中将の処刑, 문예춘추, 1986)

◉ 요시자와 후미토시, 『전후 한일관계, 국교정상화 협상에 관하여』(戦後日韓関係, 国交正常化交渉をめぐって, 크레인, 2005)

◉ 요시다 유타카, 「전쟁책임과 극동국제군사재판」(戦争責任と極東国際軍事裁判), 나카무라 마사노리, 『전후일본, 점령과 전후개혁』(戦後日本, 占領と戦後改革, 제5권, 이와나미 서점, 1995)

◉ 요시미 요시아키, 『종군위안부』(従軍慰安婦, 이와나미 신서, 1995)

◉ 이동원, 『한일조약체결의 비화, 어느 두 외교관의 운명적 만남』(韓日条約締結秘話─ある二人の外交官の運命的出会い, PHP연구소, 1997)

◉ Roh Daniel, 『다케시마 밀약』(竹島密約, 소시사, 2008)

◉ 와타나베 쓰네오, 와카미야 요시부미, '논좌'(論座) 편집부 편, 『'야스쿠니'와 고이즈미 총리』(「靖国」と小泉首相, 아사히신문사, 2006)

◉ 『개정판 새로운 역사교과서』(改訂版 新しい歴史教科書, 후소사, 2006)

◉ 「한일관계' 재고, 과거·현재·미래」(『환』(環), 후지와라 서점, 2005)

⊙ 「This is 요미우리(読売)」편집부, 「이승만의 밀서」(『This is 요미우리(読売)』, 1999년 1월호)

⊙ 「역사교과서 문제 미래에 대한 대답, 동아시아공통의 역사관은 가능한가?」(歴史教科書問題, 未来への回答, 東アジア共通の歴史観は可能か, 『별책 세계』, 제696호, 2001)

저 자┃박 일(朴一)

1956년 효고현 출생. 재일한국인 3세. 도지샤대학 대학원 박사
과정 졸업(상학박사 취득). 오사카시립대학 대학원 경제학 연구과
교수. TBS방송, 요미우리TV, 아사히방송 아나운서 등 TV 및 라디
오 방송 다수 출연. 재일문제 및 한일, 북한과 일본의 경제에 대해
독자적인 시각으로 지적. 전공은 한반도 지역연구. 저서는 『〈재
일〉이라는 삶』(고단샤), 『재일코리안은 뭐야?』(고단샤), 『우리들의
영웅은 모두 재일이었다』(고단샤) 등

역 자 | 권유리

· 일본 타마미술대학교多摩美術大学 건축과 졸업
· 서울외대 통번역대학원 국제회의(동시통역) 통역사 졸업
· 외교부 국제법률국 역임
· 현 (주)라파스 근무

한일IT문화교류(외교통상부 주최), 다큐멘터리 '아리랑' 한국 현지
촬영(일본 WOWOW TV) MBC방송&일본 후지TV 정기협의회, AUDIO
코리아 런칭쇼, KOTRA(대한무역투자진흥공사), 일본 Panasonic 임
원단 방한, 아트선재센터, 대전시립미술관(기자간담회 및 아트토크
쇼) 등 동시통역 · 순차통역 다수.
김하진의 쿠킹클래스, 상상플러스(KBS), 케이블 방송사(환경TV,
XTM) 일본 수출용 영상번역 작가로 활동.

한국인과 일본인의 허세와 속내

초판인쇄 2014년 01월 08일
초판발행 2014년 01월 15일

지 은 이 박 일(朴一)
옮 긴 이 권유리
발 행 처 제이앤씨
발 행 인 윤석현
등   록 제7-220호

주   소 서울시 도봉구 창동 624-1 북한산현대홈시티 102-1106
전   화 (02)992-3253(대)
전   송 (02)991-1285
편 집 자 주은혜
책임편집 김선은
전자우편 jncbook@hanmail.net
홈페이지 http://www.jncbms.co.kr

ISBN 978-89-5668-841-1 03340   정가 10,000원